W0057590

Ava Minatti

Das kleine Buch der Freude

Ein Begleiter durch alle Lebenslagen mit praktischen Tipps und Weisheiten von Meister Kuthumi

Bitte fordern Sie unser kostenloses Verlagsverzeichnis an:

Smaragd Verlag e.K.
Brückenstraße 25
D-56269 Dierdorf
Tel.: 02689-92259-10
Fax: 02689-92259-20
E-Mail: info@smaragd-verlag.de
www.smaragd-verlag.de

Oder besuchen Sie uns im Internet unter der obigen Adresse und melden Sie sich für unseren Newsletter an.

© Smaragd Verlag, 56269 Dierdorf
Erste Auflage: November 2020
© Cover: Beboy - Adobe Stock
Umschlaggestaltung: preData
Zeichnungen: Jona Minatti
Satz: Gaby Heuchemer
Printed: CPI Books GmbH, Leck
ISBN 978-3-95531-203-9

Inhaltsverzeichnis

**Freude Freude Freude Freude
Freude Freude Freude**

Das kleine Buch der Freude

möchte dein Freund und deine Freundin sein.

Es ist von den Energien des gelbgoldenen und des goldenen Strahls durchströmt und sendet Impulse der Freude und der Leichtigkeit aus, damit sich diese Qualitäten in dir und auf der Erde ausdehnen.

Viele Menschen sehnen sich nach mehr Freude und Leichtigkeit in ihrem Leben. Die aktuellen Veränderungen und Entwicklungen, die wir auf unserem Planeten erleben und beobachten können, sowohl im persönlichen als auch im globalen Umkreis, fördern dieses Umsetzen möglicherweise nicht unbedingt.

Wir begegnen Themen wie beispielsweise: Klimaveränderungen, Überschwemmungen und Flächenbrände, Gewalt, Ausschreitungen und Kriege, Covid-19-Ausdehnungen, Umweltzerstörungen und Ressourcenverschwendungen, Fleischproduktionsskandale, politische und wirtschaftliche Wandlungen und anderes mehr.

Das kann Gefühle von Schwere, Traurigkeit, Druck, Stress, Angst, Überforderung, Wut, Ohnmacht, Hilflosigkeit, Hoffnungslosigkeit, Sinnlosigkeit, Resignation, Schlaflosigkeit und Existenzunsicherheiten auslösen. Wenn wir so empfinden, dann dürfen wir es annehmen und da sein lassen.

Mit der Freude und der Leichtigkeit ist es so eine Sache. Wenn wir sie wirklich vermehrt in unserem Leben willkommen heißen und erleben möchten, benötigt es die Bereitschaft, unsere Aufmerksamkeit darauf zu lenken, ungeachtet der äußeren Umstände, Prozesse und Situationen, in denen wir uns gerade befinden und die uns umgeben.

Auch wenn es im Moment im Leben drunter und drüber gehen sollte, etwas schmerzt oder uns ängstigt, können wir uns für die Freude öffnen und sie spüren. Vielleicht nur wenig oder über die Erinnerung daran. Doch das hilft schon, um unseren physischen Körper, unsere Gefühle und Gedanken leichter werden zu lassen. So können Freude und Leichtigkeit Schritt für Schritt wachsen. In den verschiedensten Meditationsschulen und spirituellen Ansätzen gibt es Anregungen, die uns dabei unterstützen.

Eine sehr bekannte, die du möglicherweise aus einer Yogastunde kennst, ist, ein inneres Lächeln in dir entstehen und sich ausbreiten zu lassen. Wenn du möchtest, können wir es gleich ausprobieren:

Unabhängig davon, ob du sitzt oder liegst, schließe bitte deine Augen. Lege eine Hand auf dein Herz. Spüre deinen Herzschlag und komme so in und bei dir an.

10

Wenn du möchtest, kannst du wahrnehmen, dass gelbgoldenes Licht über deinen Scheitel in dich einfließt und sich in dir ausbreitet, sodass du gelbgoldene Energie ein- und ausatmen kannst. Während diese angenehme, warme Farbschwingung weiterströmen darf, komm mit deiner Aufmerksamkeit noch einmal zu deinem Herzen zurück. Erinnere dich an etwas, das dir in deinem Leben Freude geschenkt hat, sei sie auch noch so klein gewesen. Stell es dir so genau und gut wie möglich vor. Tauche in das Gefühl ein, in die Freude, die du damals empfunden hast. Erlaube, dass du sie erneut spüren kannst und sie sich in deinem Herzen ausdehnt. Vielleicht ist es möglich, dass dir dieses Gefühl von Freude ein (kleines) Lächeln ins Gesicht zaubern darf.

Über deinen Atem, der kommen und gehen kann, wie er möchte, wie es ihm möglich ist und seinem Rhythmus entspricht, verteile diese Freude und dein Lächeln in deinem ganzen Körper. Jedes Organ, jede Faser, jede Zelle darf davon erfüllt werden und es auf- und annehmen. Diese Freude und dein Lächeln verströmen sich weiter in dein emotionales Sein, in deinen Gedankenkörper. Sie berühren und durchdringen dein aurisches Feld, bis alles, was du bist, mit dieser Freude und deinem Lächeln mitschwingt und sich darauf einstimmt.

Genieße dieses Empfinden von Freude in deinem Sein im Hier und Jetzt.

Wenn du möchtest, kannst du es über dich fließen lassen und mit der ganzen Welt teilen: mit allen Menschen, allen Tieren, allen Pflanzen, allen Naturwesen, - überhaupt mit allen Wesenheiten, die mit uns in der Erde, auf der Erde und um die Erde leben, mit den Elementen, mit Gaia selbst.

So entsteht ein großes Feld der Freude, das die Erde und alles Leben, das mit ihr verbunden ist, umgibt und Freude schenkt.

Über deine Hand, die nach wie vor auf deinem Herzen ruht, komme mit deiner Aufmerksamkeit wieder ganz zu dir zurück. Atme tief ein und aus. Lass die Freude und dein Lächeln, die nach wie vor im Hier und Jetzt sind, weiterwirken, auch wenn sich deine Aufmerksamkeit wieder deinem äußeren Alltag zuwendet.

Der gelbgoldene Strahl segnet dich und zieht sich zurück. Deine Hand verabschiedet und löst sich sanft von deinem Herzen. Du kannst deine Augen öffnen und mit dieser Freude und deinem Lächeln der äußeren Welt und deinen folgenden Aufgaben begegnen. Freude segnet dich. Sei gesegnet.

So können wir jederzeit etwas mehr Wohlgefühl und Entspannung in uns fördern und all die Wellenbewegungen und Wirbelstürme des Lebens und dieser Zeit sehen, die sich gleich ein wenig leichter anfühlen.

Eine wunderbare spirituelle Lehrerin und für mich Wohlfühl-Mentorin ist Julie Henderson. Ihren Anregungen begegnen wir in diesen Seiten immer wieder, und ihre inspirierenden Bücher finden sich auch in den Literaturempfehlungen wieder.

Wir LichtarbeiterInnen, HeilerInnen, Schamanen und Schamaninnen, TraumweberInnen, Visionäre und Visionärinnen, LehrerInnen, Mütter und Väter – und wie auch immer wir uns selbst sehen und nennen – sind auch auf dem Weg der Freude die VorreiterInnen.

Deshalb gehört es mit zu unseren Aufgaben, unseren Fokus auf die Freude zu legen, um diese, anstatt beispielsweise die Angst, zu nähren und das Erdenschiff sicher in die Neue Zeit mit zu navigieren. Deshalb lasst uns gemeinsam ein Manifest der Freude verwirklichen, indem wir uns immer wieder darauf ausrichten, sie spüren, sie verströmen, sie fördern, sie in uns finden und ihr folgen. Die Freude beschleunigt unsere Ent-Wicklungen auf eine so wohltuende und heilsame Art und Weise.

Es ist also eine Entscheidung – unsere Entscheidung! –, worauf wir unsere Aufmerksamkeit richten möchten. Für das, worauf wir sie lenken, sind wir verantwortlich bzw. übernehmen wir die Verantwortung (bewusst oder unbewusst). Aufmerksamkeit und Verantwortung hängen also eng zusammen. Wenn wir uns dessen bewusst sind, schließt sich die Achtsamkeit, ein achtsamer Umgang damit, an. Zusammen bilden sie unser Team der Selbstliebeförderung.

Hier kommt nun *Das kleine Buch der Freude* mit ins Spiel. Es möchte dein Begleiter und deine Begleiterin, eben dein Freund und deine Freundin, sein. Was es für dich tun und wie es dich unterstützen kann, erzählt es dir gleich.

Freude Freude Freude Freude
Freude Freude Freude

Es gibt diese Tage

Diese Tage sind jene, an denen wir uns nicht wohlfühlen. Vielleicht möchten wir morgens gar nicht aufstehen und uns am liebsten unter der Bettdecke verkriechen? Möglicherweise sind wir müde, unmotiviert, lustlos, frustriert und genervt. Die anstehenden Termine freuen uns überhaupt nicht, oder irgendetwas schmerzt im Körper oder im emotionalen Sein. Vielleicht flitzen die Hormone Achterbahn mit uns.

Ängste entwickeln Eigendynamiken, sodass sie stärker werden, während wir immer gelähmter erscheinen. Oder es gibt traurige Erlebnisse und Abschiede, die wir erst verarbeiten und integrieren dürfen. Oder die ungewissen Zukunftsentwicklungen – beruflich, gesundheitlich, partnerschaftlich – machen uns zu schaffen. Es sind diese Tage, an denen wir uns einfach nicht wohl in unserer Haut und in unserem Leben fühlen, unabhängig davon, ob wir es benennen und zuordnen können, oder es offensichtlich keinen Grund dafür gibt. Manchmal vermehren sich diese Tage ganz von selbst – eine depressive Verstimmung kann sich in uns ausbreiten und sich wie ein zu schwerer Mantel über uns legen, oder sie entwickelt sich weiter und wird zu einem tiefen, schwarzen Loch, einer Depression.

Was uns hier unterstützt und wir in diesen Zeiten benötigen, ist ein Freund, eine Freundin. Das möch-

15

te dir dieses Buch gerne sein und dir vermitteln, dass du so sein darfst, wie du bist, dass du nicht allein damit bist und es Lösungen und Veränderungen gibt, die du annehmen und ausprobieren kannst, wenn du es möchtest. Die Anregungen, die du hier findest, sind Möglichkeiten, das zu ändern. Die meisten von ihnen kennst du wahrscheinlich auch schon, und sie sind kurz. So kannst du sie leichter in deinen Alltag einfließen lassen.

Du brauchst das Buch auch nicht von vorne nach hinten zu lesen oder umgekehrt. Es ist ein „Auf- und Nachschlagbuch" der Freude. Du kannst es einfach intuitiv öffnen und einen Impuls empfangen, den du an diesem Tag oder in den folgenden Zeiten wirken lassen und umsetzen möchtest, damit sich Freude und Leichtigkeit in deinem Leben ausbreiten können.

Auch wenn sich die Empfehlungen wiederholen, ist es möglich, sie immer wieder und wieder auszuprobieren, bis die Freude in uns so geankert und ein lebendiger Teil unseres Lebens ist, dass sie, erneut ungeachtet der äußeren Umstände, ständig in uns pulsiert und gluckert. Dann hätte dieses Buch seine Aufgabe erfüllt bzw. bleibt dann immer noch dein Freund, deine Freundin, um sich mit dir über die Freude zu freuen, die du empfindest, in dir trägst und die du der Welt schenkst.

Doch es ist noch mehr:

Es möchte beispielsweise einfach in deiner Tasche sein oder auf deinem Wohnzimmertisch, auf deinem Schreibtisch liegen, um dich daran zu erinnern, dass du Freude empfinden kannst und darfst. Du kannst es unter dein Kopfkissen legen, sodass sich seine Energien, während du schläfst, ausdehnen und dich in ein Feld aus gelbgoldenen Freudefunken einhüllen. Das ist auch hilfreich und unterstützend für jene Lebensphasen, in denen dir die Kraft fehlt, dich der Freude zuzuwenden, obwohl du dich danach sehnen würdest.

Doch du kannst es ebenso in den Händen halten, zum Beispiel, wenn du dich vor etwas fürchtest oder dir zu viele Sorgen machst, und dir vorstellen, dass es diese Sorgen in sich aufnimmt, in seinem gelbgoldenen Licht wandelt und diese transformierten Energien als Freude und Leichtigkeit zu dir zurückfließen, die dich durchströmen und einhüllen.

Und:

Es ist ein wunderbares Geschenk für jemanden, dem du eine Freude bereiten möchtest.

Vielleicht hast du das Gefühl, dass ein anderer Mensch etwas mehr Freude benötigen könnte, dass es in seinem Leben ein bisschen leichter sein dürfte. Doch er selbst kann im Moment nichts annehmen, oder es fehlt ihm die Energie, um etwas zu verändern. In diesem Fall ist es möglich, dieses Buch *für ihn* bei dir zu tragen oder liegenzulassen.

Wir finden dafür ein Beispiel:

17

Tante Paula, die uns am Herzen liegt, ist aufgrund ihrer aktuellen Lebensumstände sehr gefordert. Sie kennt dieses Buch nicht und hätte derzeit auch nicht den Impuls oder die Bereitschaft, es zu lesen. Doch wir haben es zu Hause. Wir können es nehmen und bewusst für Tante Paula auf unseren Wohnzimmertisch legen und hier für sie ruhen lassen. Nun beginnt es zu wirken. Es sendet seine gelbgoldenen Energien zu Tante Paula aus. Diese werden zu einer kleinen Sonne, die für sie zu scheinen beginnt und deren Sonnenstrahlen sie auf ihren Wegen begleiten.

Sie sind ein Geschenk, wie liebevolle Gedanken oder ein Segen. Wir verbinden damit keinen konkreten Wunsch, dass dieses Licht etwas Bestimmtes für Tante Paula tun soll, sondern es steht ihr zur Verfügung, und sie kann selbst wählen, wann, wieviel, auf welche Art und in welchen Situationen sie sich der Freude öffnen möchte. Wir bauen ein Feld der Freude auf, das da ist und von dem Tante Paula naschen kann, wann immer sie möchte.

Solange das Buch für die Paula liegenbleibt, scheint darüber diese kleine Sonne für sie. Wann immer wir das abrunden, abschließen und verändern möchten, danken wir Tante Paula und legen das Freudebuch mit der Intention, dass es nicht mehr auf diesen speziellen Menschen ausgerichtet ist, zur Seite. Auf diese Weise können wir es auch für eine Gruppe von Menschen, für Tiere, Pflanzen oder die ganze Menschheit positionieren, um darüber Freude zu teilen, sodass sie sich ausbreiten kann.

So entsteht mit diesem Buch eine Freundschaft, die dir hoffentlich viel Freude bereitet. Du bist darüber mit dem gelbgoldenen bzw. goldenen Strahl und somit mit Meister Kuthumi verbunden. Er berührt dein Herz und wärmt es, wodurch Freude wachsen kann. Diese Seiten sind eine Übersetzungshilfe für seine Energien.

Es gibt also diese Tage. Mögen sie sich, wenn sie dir begegnen, in freudvolle und leichte wandeln.

Freude segnet dich. Sei gesegnet.

**Freude Freude Freude Freude
Freude Freude Freude**

Der gelbgoldene und goldene Strahl der Freude

Beide sind Teil der zwölf kosmischen Schöpfer- und Schöpferinnenstrahlen, und für mich gehören sie zusammen, wenn es um das Thema Freude geht, was wir auch in der Bezeichnung Gelbgold wiederfinden.

Jedem Farbstrahl ist ein Meister oder eine Meisterin der Weißen Bruder- und Schwesternschaft zugeordnet, der oder die ihn lenkt und hütet und sein Wesen und seine Qualitäten verkörpert.

Meister Kuthumi, der zuerst für den gelbgoldenen Strahl zuständig gewesen ist, hat diese Aufgabe nun Konfuzius anvertraut und wurde zum Cohan der goldenen Schöpfer- und Schöpferinnenenergie und ist somit mit beiden verbunden.

Das gelbgoldene (oder goldgelbe, wie es manchmal auch genannt wird) Licht ist der zweite Strahl und repräsentiert Wissen, Weisheit und Freude und hilft uns, unsere Qualität als Lehrer oder Lehrerin zu entwickeln. Der goldene Schöpfer- und Schöpferinnenstrahl ist der zehnte Strahl, dem, zusätzlich zur Weisheit und Freude, die Qualitäten Geborgenheit, Glückseligkeit, Fülle und Reichtum zugeordnet sind, die er uns lehrt, in uns selbst zu finden und wachsen zu lassen.

Die Zahlen 2 und 1 (die sich aus der 10 ergibt) stehen für das Du und das Ich. Somit helfen uns das

Gelbgold und das Gold, ein Gleichgewicht zu schaffen zwischen dem Für-andere-da-zu-Sein und dem Für-uns-selbst-Einzustehen.

Meister Kuthumi, der auch als Franz von Assisi inkarniert gewesen ist, lehrt uns, den Weg der Einfachheit zu gehen: Alles ist einfach. Leben ist einfach. Heilen und heil sein ist einfach. Lösungen zu finden ist einfach. Veränderungen sind einfach.

Er öffnet unser Herz und unsere Augen für die kleinen Dinge des Alltags und die Freude in allem, was uns begegnet, zu erkennen. Er verbindet uns mit der Natur und unterstützt uns, die Sprache der Tiere zu verstehen, die alle unter seiner Obhut stehen. Er erinnert uns an die Leichtigkeit des Seins und ist sehr humorvoll.

Wenn er uns nahe ist, lacht er meistens über das ganze Gesicht und singt oder pfeift gerne ein Lied. Er ist immer guter Laune und liebt Musik. Deshalb lädt er in seinen Botschaften auch häufig ein, ebenfalls mehr zu singen, zum Beispiel unter der Dusche.

Jetzt kannst du, wenn du möchtest, den gelbgoldenen und den goldenen Strahl und Meister Kuthumi bitten, dich zu berühren:

21

Dazu schließe einfach deine Augen. Atme einige Male bewusst ein und aus, um mit deiner Aufmerksamkeit nach innen zu kommen und dich zu spüren. Bitte dein System, sich zu entspannen, und nimm wahr, wie es dieser Einladung, so gut wie im Moment möglich, folgt.

Nun lass gelbgoldenes Licht zu dir strömen. Es berührt deinen Scheitel und breitet sich darüber in dir aus. Erlebe diesen Fluss und spüre, wie es sich für dich anfühlt, was es in dir berührt und bewegt.

Mit der Zeit wandelt sich diese gelbgoldene Schwingung immer mehr zu einer goldenen. Jetzt erfüllt dich der goldene Strahl. Wie erlebst du ihn? Was lässt er in dir entstehen?

Atme tief ein und aus. Kannst du spüren, dass dir sowohl die gelbgoldene als auch die goldene Energie zur Verfügung steht und dich unterstützt, ihre Geschenke anzunehmen und in dir zu entfalten? Kannst du ihre Freude fühlen? Ihre Leichtigkeit?

Über dieses gelbgoldene und goldene Licht beginnt Meister Kuthumi sich dir zu zeigen. Nimm ihn so wahr, wie es dir möglich und es für dich stimmig ist. Bleibe in dieser Begegnung und mache dir den Austausch mit ihm vertraut. Was möchte er mit dir teilen? Was möchte er dir im Moment übermitteln? Was ist seine Botschaft an dich?

Bleibe in dieser Kommunikation, solange du möchtest. Dann bedanke dich bei ihm und den Farbstrahlen.

Meister Kuthumi segnet dich im Namen des gelbgoldenen und des goldenen Strahls und zieht sich mit beiden aus dir zurück. Atme tief ein und aus. Lass es nachschwingen und finde deinen eigenen Abschluss, um wieder präsent im Hier und Jetzt zu sein.

Freude segnet dich. Sei gesegnet.

**Freude Freude Freude Freude
Freude Freude Freude**

Botschaft von Meister Kuthumi

Wir sind Kuthumi. Wir grüßen dich, geliebtes Menschenkind, und segnen dich im Namen der gelbgoldenen und goldenen Strahlen, die sich sanft um dich legen und dich durchströmen, um dich in der Freude des Seins baden zu lassen.

Schließe deine Augen für einige bewusste Atemzüge, um dieses für dich zu spüren, anzunehmen und wirken zu lassen, sodass dich diese Energie der Freude, im positiven Sinne des Wortes, anstecken kann.

Wir sind gekommen, um dir einen guten Morgen zu wünschen und gleichzeitig ein gutes Heute. Unabhängig davon, wie spät es bei dir gerade ist, während du diese Zeilen liest. Denn du kannst, frei von dem, was deine Uhren in deiner Zeitlinie und -zone zeigen, einen guten Morgen und ein gutes Heute starten, wann immer du möchtest. Dazu motivieren wir dich nun.

Wir laden dich ein, während des Tages – was du auch tust, wo du gerade bist und wie deine bisherigen Stunden verlaufen sind – innezuhalten, deine Augen kurz zu schließen, unsere Gegenwart und diese Berührungen des gelbgoldenen und goldenen Strahls zu spüren und in der Bereitschaft zu sein, neu zu beginnen. Jetzt, in diesem Moment.

Lass los, was bisher an diesem Tag gewesen ist.

Stell dir vor, es wäre morgens. Du bist gerade erwacht, frisch und munter, um dich in einen neuen Tag hinein zu entfalten. Wünsche dir selbst einen guten Morgen und ein gutes Heute. Richte dich auf die Freude aus und nimm wahr, dass der Morgen, das Heute und dadurch dieser Tag von Freude erfüllt sind.

Atme tief ein und aus. Öffne deine Augen wieder. Strecke und recke dich (innerlich oder äußerlich, je nachdem, was gerade passend erscheint) so, wie du es vor dem Aufstehen und beim Aufstehen tust, und beginne diesen Tag neu. Stelle ihn auf Anfang. Jetzt!

Auf diese Art kannst du während eines Tagesablaufes so viele Neuanfänge wagen, dich dabei immer wieder neu ausrichten und auf die Freude einstimmen, wie du möchtest. Sie wird dir ein treuer Begleiter, eine treue Begleiterin werden und sein.

Selbst in Zeiten, in denen es dir schwerer fallen sollte, sie zu spüren, hältst du darüber deine Spur der Freude und deinen Weg der Freude stabil. Denn dein Gefühl folgt deiner Aufmerksamkeit.

Schicke dir das gelbgoldene und goldene Licht voraus, nimm wahr, dass wir dann ebenso an deiner Seite sind, gemeinsam mit den Naturwesen und den Tiergeschwistern, die uns begleiten. Zusammen erschaffen wir freudvolle Morgen und freudvolle Heute. Probiere es gleich (noch einmal) aus.

Wir danken dir und segnen dich. Möge der gelb-goldene und goldene Strahl mit dir sein.

Freude segnet dich.

Wir sind Kuthumi.

Sei gesegnet.

Freude Freude Freude Freude
Freude Freude Freude

Heute schon gehopst?

Sowohl in der Faszien-Forschung als auch in neurobiologischen Kontexten weiß man, wie sehr bestimmte Bewegungen unsere Gefühle und unser Wohlbefinden beeinflussen können und nutzt diese Erkenntnisse mehr und mehr auch in therapeutischen Zusammenhängen.

Das ist etwas, das zum Beispiel Julie Henderson, die eingangs erwähnt wurde, in ihre Arbeit miteinfließen lässt.

Sie lädt uns ein, bewusst spezielle Bewegungsabläufe in unseren Alltag zu integrieren, um unser emotionales Erleben ins Gleichgewicht zu bringen, falls dieses erforderlich sein sollte. Auf diese Weise unterstützen wir die Aktivierung unserer Selbstheilungskräfte und Selbstregulierungsfähigkeiten. Wir stärken unsere Mitte und können leichter im Kontakt mit ihr sein bzw. in ihr ruhen. So fühlen wir uns wohl. Es tut uns gut.

Deshalb möchten wir dir hier nun eine wichtige Frage stellen:

Bist du heute schon gehopst?

Hopsen ist ein Springen und Hüpfen – zum Beispiel wie ein Pferdchen –, was viele von uns als Kind manchmal oder auch häufiger gemacht haben.

27

Dieses Hopsen bringt einiges in uns in Bewegung, auf der physischen, der emotionalen und der mentalen Ebene. Es aktiviert und belebt und lässt Freude und Leichtigkeit entstehen. Dabei ist es nicht wichtig, wie lange wir hopsen (es ist ja gar nicht so unanstrengend), sondern es ist ausreichend, es immer einmal wieder kürzer zu tun, angepasst an unsere physischen Möglichkeiten. Wir dürfen also auch schon etwas reifere oder klapprigere Pferdchen sein. Dennoch hebt es die Stimmung und die Laune sehr schnell. Denn es bringt uns in den Kontakt mit unserem Inneren Kind, das so etwas liebt, genießt und gerne mitmacht.

Wenn du möchtest, kannst du dir also deinen Alltag vermehrt so gestalten, dass du dir zwischendurch „Hops-Einheiten" und „Hops-Runden" erlaubst und ermöglichst. Es muss auch niemand sehen oder wissen. Oder du fragst deine Kollegen und Kolleginnen, Mitarbeiter und Mitarbeiterinnen und deine Familie, ob sie mitmachen möchten. Falls es dir dennoch zu peinlich sein sollte („große" Menschen haben manchmal solche Gefühle), es aufgrund der äußeren Umstände nicht möglich ist, du physisch eingeschränkt bist oder dich total kraftlos erlebst, sodass du nicht hopsen kannst, dann stelle es dir einfach vor, dass du es tust.

Frisch nach einer Operation, wenn du schwanger bist, Schmerzen hast, dein Blutdruck zu hoch ist oder Entzündungen im Körper sind – all dies wären Grün-

28

de dafür, dass wir es uns visualisieren sollten, wie wir hopsen, ohne es tatsächlich auszuführen. Deshalb achte hier auch gut auf deinen Körper und dein eigenes Empfinden.

Selbst diese Fantasie, dass und wie wir hopsen und spüren, wie es sich anfühlt, hilft. Vielleicht möchtest du es jetzt gleich ausprobieren – physisch oder in deiner Vorstellung:

Dazu atme tief ein und aus. Lade die gelbgoldenen und goldenen Strahlen mit ein. Nimm wahr, wie sie dich durchströmen und einhüllen, sodass die Wirkung deiner Bewegung verstärkt wird. Spüre, dass Meister Kuthumi an deiner Seite ist, um mit dir zu hopsen, sodass du dabei nicht alleine bist. Er hat auch noch Zwerge und andere Naturwesen mitgebracht, die ebenfalls eine große Freude am Hopsen haben. Dann beginne.

Hopse einfach durch den Raum, in dem du gerade bist. Deine Arme dürfen locker mitschwingen, wie sie möchten und es dir (und deinen Schultern) guttut. So drehe eine Runde oder ein paar mehr, bis du spürst, es ist für den Moment genug.

Halte inne. Atme tief ein und aus. Spüre nach.

29

Vielleicht klopft dein Herz schneller? Was bewegt sich noch in deinem Körper? In deinen Empfindungen? In deinem Gedankenfeld?

Kannst du das Lachen der Naturwesen hören oder fühlen, die sich nach dem Hopsen, das vielleicht ein wenig ausgiebiger als deines gewesen ist, auf dem Boden wälzen oder sich dort ausruhen und entspannen? Lass dich davon mit berühren, sodass es dir vielleicht ein eigenes Lächeln entlockt.

Erlaube, dass sich Freude in dir ausbreiten darf. Fülle jede Zelle damit auf und lass sie weiter präsent sein. Meister Kuthumi lächelt dir ebenso zu und segnet dich im Namen des gelbgoldenen und goldenen Strahls. Genieße deine Lebendigkeit. Öffne deine Augen. Blicke mit dieser Freude, die jetzt vielleicht in dir ist, in die Welt.

Freude segnet dich. Sei gesegnet.

Freude Freude Freude Freude
Freude Freude Freude

Jeder Tag ist dein Geburtstag!

Wir sind Kuthumi. Wir grüßen dich, geliebtes Menschenkind, und segnen dich im Namen des gelbgoldenen und goldenen Strahls. Wir freuen uns so sehr, mit dir sein zu dürfen. Öffne in deiner Vorstellung ein Fenster zu deinem Herzensraum und lass das Licht einer Sonne in dein Herz hineinleuchten. Spüre, wie sie dein Herz wärmt, entspannt und mit Freude erfüllt, sodass es, im übertragenen Sinne, zu hüpfen beginnt.

Wir sind gekommen, um dir mitzuteilen, dass du jeden Tag Geburtstag hast. Du brauchst auch nicht unbedingt täglich älter zu werden, falls dich das daran hindern sollte, jeden Tag deinen Geburtstag zu feiern, sondern, wenn du möchtest, weiser oder reicher oder freudvoller oder glückseliger. Doch wir bitten dich, dich zu freuen, dass du auf der Welt bist, dass du geboren wurdest, dass du soviel entdecken und erfahren und wachsen und lernen kannst.

Jeder Tag ist ein Freudentag, ein Freudenfest. Du darfst ihn feiern. Vielleicht möchtest du dir das aufschreiben:

„Jeder Tag ist mein Geburtstag!"

Dadurch vergisst du es nicht so schnell wieder. Somit kannst du täglich für dich entscheiden, wie du ihn, deinen Geburtstag, feiern möchtest. Es gibt unzählige Möglichkeiten dafür.

So wird das ganze Leben ein Fest, und du beginnst, es zu zelebrieren. Denn das ist der Grund, weshalb du auf der Erde inkarniert bist: um das Leben zu feiern. Es gibt Menschen, die sich nicht darüber freuen, wenn sich ihr Geburtstag jährt und übergehen ihn, so gut wie möglich. Wisse, dass es gerade für diese Menschenkinder wichtig wäre, jeden Tag Geburtstag zu feiern, um das Leben zu genießen und die Tatsache, dass sie jetzt, in dieser Zeit, in dieser Form, an ihrem Platz, auf Gaia sind – einzigartig und einmalig.

Wir sind ein Geburtstagfeiermeister. Wir wünschen uns, dass du das Leben zelebrierst, denn es gibt immer einen Grund, um zu feiern. Diese Feste können sehr unterschiedlich sein. Sie brauchen nicht groß oder laut zu sein. Es geht um diese Freude, die dabei erlebt wird und die sich auf diese Weise, Tag für Tag, erweitern kann. Deshalb laden wir dich ein, täglich deinen Geburtstag zu feiern und dass du hier auf die Erde gekommen und da bist! Wir sagen dir jeden Tag:

„Alles Gute zum Geburtstag, geliebtes Menschenkind! Schön, dass du geboren bist! Die Erde liebt dich! Und wir lieben dich auch!"

Bejubele also deinen täglich wiederkehrenden Geburtstag und zelebriere das Leben. Wir danken dir und unterstützen dich dabei, wann immer du möchtest.

Wir sind Kuthumi. Sei gesegnet.

Freude segnet dich. Sei gesegnet.

Freude Freude Freude Freude
Freude Freude Freude

Dein Solarplexus ist ein Freude-Zentrum

Unser Solarplexus hat einen großen Einfluss auf unser Wohlbefinden. Er ist unsere innere Sonne. Wenn sie kraftvoll strahlen kann und ausgeglichen ist, fühlen wir uns energiegeladen, präsent, selbstbewusst, voller Selbstvertrauen, mutig, erfüllt von Freude und Tatendrang. Dieses Energiezentrum steht mit unserem Emotionalfeld in einer direkten Verbindung und wirkt darüber beispielsweise auf unseren Magen- und Darmbereich.

Gerade in dieser Zeit hat die Sensibilität des Verdauungssystems bei vielen Menschen zugenommen, was verschiedenste Gründe hat, wie beispielsweise die Schwingungserhöhung und der Umstand, dass unsere Systeme feiner werden, was zu einer größeren, auch körperlichen, Sensitivität führt. Genauso wie unsere Lebensrhythmen, die teilweise zu einseitig und dadurch zu schnell sind, was zu viel (Leistungs-)Druck und Stress in uns erzeugt, weil der lunare, langsame Puls als Ausgleich fehlt. Es erschwert das Verarbeiten, Integrieren und Loslassen von Erfahrungen und fördert entzündliche Prozesse im Körper.

Hier hilft es uns zum Beispiel, wenn wir uns der „Großen Mutter" zuwenden, in deren Arme wir uns hineinsinken lassen können, um zur Ruhe zu kommen.

Dadurch ist es möglich, die innere Stimme leichter zu hören, wahrzunehmen, was unsere Verdauungsorgane benötigen, welche Nahrung uns wirklich nährt und guttut, oder was wir für unseren Solarplexus tun können, damit er ausgeglichener schwingt. Deshalb ruft uns die Große Göttin seit Jahren mehr und mehr, und deshalb ist die Begegnung mit ihr solch ein zentraler Teil für unsere Weiterreise – tiefer hinein in den Neuen Morgen.

Sowohl der gelbgoldene als auch der goldene Strahl wirken auf unseren Solarplexus, unabhängig davon, dass der zweite Schöpfer-Schöpferinnenstrahl dem Scheitelzentrum und der zehnte Strahl dem Schwingungsfeld im Bereich zwischen unserem Solarplexus und unserem Herzen zugeordnet ist. Doch wenn wir das gelbgoldene Licht in das Sonnengeflecht einfließen lassen, stärken und aktivieren wir es, während die goldene Schwingung nährt und aufbaut. Sie ist weicher, milder und sanfter.

Wir können einiges für unser Zentrum der Freude tun, wie schon erwähnt. Es direkt fragen, welche Form von Nahrung es benötigt und unserem Körper und uns guttut. Oder was ihm Freude bereitet und damit uns.

Die Vorstellung dieses Energiezentrums als eine Blume, die sich öffnen und schließen kann, ist sehr hilfreich. Und die Fähigkeit, es zentrieren und ausdehnen zu können, lässt in uns ein Gleichgewicht zwischen Geben und Annehmen, zwischen dem Du-Erleben und Ich-Sein entstehen und stärkt unsere Mitte.

Wären wir zum Beispiel depressiv, wäre dieses natürliche Öffnen und Schließen unseres Solarplexuszentrums mit ziemlicher Sicherheit blockiert und in seiner Funktion eingeschränkt, was zu einer Irritation der Selbstregulierungsfähigkeit führen könnte. Dadurch wäre es unserem ganzen System (also allen unseren Körperebenen) erschwert, sich zu erholen, zu neuer Kraft zu kommen und die möglicherweise angewandten Unterstützungsmethoden an- und aufzunehmen.

Deshalb ist es für unser Wohlbefinden wichtig, dass unser Zentrum der Freude beweglich ist und bleibt.

Dazu können wir es uns erneut als Sonne vorstellen. Diese darf strahlen und leuchten. Ihr Licht strömt weit hinaus in die Welt. Wir können spüren, wie kraftvoll und präsent sie uns sein lässt, und es genießen. So werden wir gesehen, wahrgenommen und gehört, und stehen an dem Platz, der unser Platz ist, um gut verwurzelt zu sein und wachsen zu können.

Unsere Sonne ist feurig und sichtbar.

Nun lenken wir die Sonnenstrahlen bewusst nach innen. Sie strahlen in uns hinein, in unsere Körper,

36

Schichten, Felder, Energiezentren, und erfüllen alles, was zu uns gehört, mit ihrem Licht. Wir bündeln diese solare Kraft in uns und für uns, sodass die Sonnenenergie auch in uns und für uns wirken kann, und wir uns selbst auch hören, spüren, erleben und als strahlendes Wesen wahrnehmen können.

Abschließend können wir tief ein- und ausatmen, die Aufmerksamkeit auf unseren physischen Körper lenken und die kleine Übung abrunden.

☆☆

Wir schaffen über diese kleine Sonnenvorstellung eine Balance zwischen dem Außen und dem Innen, und das wiederum unterstützt unseren Solarplexus, sich gut öffnen und schließen zu können. Wobei der Begriff „schließen" eigentlich irreführend ist, weil es eigentlich ein Zentrieren und Fokussieren ist.

Wann immer wir unser Zentrum der Freude stärken oder nähren möchten, können wir unsere Hände dort auflegen und über sie das gelbgoldene und goldene Licht einfließen lassen, solange wir den Impuls dazu verspüren.

Wenn wir uns mit gelbgoldenen und goldenen Farben umgeben, in Form von Kleidung, Polstern, Decken, Wänden, Bildern und allem, was uns dazu einfällt, wird dieser Prozess zusätzlich unterstützt. Manchmal mag es unser Solarplexus, wenn wir ein gelbgoldenes oder goldenes Tuch um unseren Oberbauch wickeln, denn die Wärme, die dabei entstehen kann, genießt er zusätzlich.

Gerade im Herbst, wenn es warme Altweibersommertage gibt, können wir dieses goldene Sonnenlicht, das dann scheint, tief über unseren Solarplexus in uns einatmen, um ihn und alle Zellen damit aufzufüllen, auch als Vorbereitung auf den nahenden Winter.

Wenn wir uns emotional instabil fühlen, hilft es uns, wieder mehr in die Mitte zu kommen, indem wir unseren Solarplexus sanft und liebevoll streicheln, massieren und entspannen.

Manche Zentren der Freude lieben es, wenn wir sie mit Kristallen beglücken, die wir auflegen oder auf ihrer Höhe als Schmuckstück tragen können, wie beispielsweise einen Zitrin (primär den natürlich gewachsenen, nicht den gebrannten, weil dieser weicher schwingt und ein bisschen anders wirkt), oder mit einem Bernstein.

Wenn es uns schwer fallen sollte, auf unsere natürlichen und gesunden Grenzen zu achten, bei Bedarf „Nein" zu sagen und die Tendenz haben, zu viele Energien aus unserer Umgebung aufzunehmen, ist die Fähigkeit unseres Solarplexus', sich zentrieren zu können, ausbaufähig. Hier ist es empfehlenswert, ihm und dadurch uns dabei behilflich zu sein, es zu üben und zu lernen. Dazu ist es möglich, über einen bestimmten Zeitraum regelmäßig ein fokussierendes Symbol auf unserem Zentrum der Freude zu visualisieren oder aufzumalen, beispielsweise das Sonnensymbol des Kreises, der in der Mitte einen Punkt hat.

Das „Mantra", das zu unserem Solarplexus gehört, ist: Ich will!

Wenn wir es einige Male für uns wiederholen, können wir spüren, wie es uns damit geht. Wie leicht, kraftvoll oder selbstverständlich es über unsere Lippen kommt oder eben vielleicht auch nicht. Wir können damit spielen, wenn wir möchten, indem wir es sooft und solange wiederholen, bis wir uns dabei wohlfühlen und unsere innere Sonne richtig pulsieren spüren. Es fördert unsere Willensstärke und unser „Ich", also unsere Persönlichkeit. Manchmal benötigen wir genau das, um unser Freude-Zentrum wieder ins Gleichgewicht zu bringen.

Wenn unser Solarplexus in der Balance ist, fällt es uns leichter, uns für die Freude zu öffnen, sie zu spüren und überfließen zu lassen. Deshalb möchten wir dich motivieren und einladen, immer wieder in Kontakt mit deinem Freude-Zentrum zu sein, wahrzunehmen, wie es ihm geht und was ihm guttut.

Vielleicht möchtest du das Buch nun zur Seite legen, um deine Augen zu schließen, einige Male tief ein- und auszuatmen, deine Hände auf dein Freude-Zentrum zu legen, um ihm zu lauschen und dich mit ihm auszutauschen. Freude segnet deinen Solarplexus. Freude segnet dich. Sei gesegnet.

Freude Freude Freude Freude
Freude Freude Freude

Ein Engel der Freude

Es gibt einen Engel der Freude. Diesen können wir genau so nennen und einladen, wann immer wir möchten. Er kommt dann mit seiner gelbgoldenen und goldenen Schwingungsqualität zu uns, durchströmt uns mit Freude und durchdringt das mit Freude, was wir ihm anvertrauen.

Wenn wir es lieber etwas persönlicher haben möchten, können wir natürlich auch Jophiel einladen, als Engel der Freude an unserer Seite zu sein, oder auch Valeoel. Jophiel „wohnt" sozusagen im gelbgoldenen Strahl und Valeol im goldenen.

Wir können den Engel der Freude vorausschicken, beispielsweise in unseren Tag, auf unseren Wegen, in unsere Gespräche oder in die Aufgaben, die in nächster Zeit zu erfüllen sind. Wir können ihn auch hinterhersenden, zum Beispiel am Abend zurück bis zum Tagesbeginn, oder in eine Situation in den vergangenen Stunden, die nicht so angenehm gewesen ist, um sie nachträglich mit Freude zu erfüllen. Darüber verändern wir das Erlebnis und ebenso die darauffolgenden Erlebnisse bis zur Gegenwart und die daraus resultierende Zukunft.

Wir können den Engel der Freude jedem Lebewesen zur Verfügung stellen, dem wir Freude schenken oder mit dem wir sie teilen möchten. Auch an öffentlichen Plätzen können wir Engel der Freude wirken lassen, wie in Klassenzimmern oder Kinderspielgruppen, in Arztpraxen und Intensivstationen, oder wo auch immer der Impuls dazu ist. Dann steht der Engel der Freude dort und lächelt. Er lässt die gelbgoldene und goldene Energie fließen, jedes Wesen, das mit ihm im Raum oder an dem Ort ist, wird von ihm gesegnet, und wenn es möchte, kann es von ihm Freude geschenkt bekommen. Alles, was es vielleicht belastet oder beschwert, kann es dem Engel der Freude übergeben, sodass er es wandelt.

Wenn wir einem Menschen, einem Tier, einer Pflanze, einem Ort oder einer Situation einen Engel der Freude zur Seite stellen, dann erneut in dieser Offenheit, dass er einfach da sein darf, ohne mit der Absicht, irgendjemanden oder irgendetwas in einer bestimmten Form oder auf eine spezielle Art zu „beglücken". Wir wollen damit kein von uns vorgegebenes Ergebnis erzielen. Der Engel soll einfach da sein, damit sich Freude ausdehnt und sich alle Menschen und Lebewesen mehr freuen dürfen und können, und damit auf der Erde mehr Freude sein darf.

Vielleicht möchtest du jetzt deinen Engel der Freude kennenlernen, um ihn vermehrt in deinen Alltag mitzunehmen?

42

Schließe deine Augen. Atme tief ein und aus. Möglicherweise möchte und kann sich dein Mund zu einem Lächeln formen, unabhängig davon, ob du dich dementsprechend fühlst oder nicht. Werde dir bewusst, dass dich das gelbgoldene und das goldene Licht begleiten und mit dir sind.

Nun lade den Engel der Freude ein, Raum zu nehmen. Er kommt zu dir. Spüre ihn, schmecke ihn, höre ihn und wisse einfach, dass er da ist. Wie riecht er? Vielleicht nach Vanille? Lerne ihn genau kennen.

Dann bitte ihn, an deiner Seite zu sein und zu bleiben. Nimm wahr, wie er dich begleitet. Wie er beispielsweise mit dir durch deine Tage geht und alle Situationen, Erlebnisse und Erfahrungen mit seiner gelbgoldenen Energie berührt und segnet – rückwirkend und vorausschauend.

Wenn du den Impuls dazu verspüren solltest, kannst du ihn auch umarmen oder in seinen Armen ruhen und es genießen, in seiner Freudenenergie zu baden.

Du kannst ihn auch jemandem zur Seite stellen oder ihn einladen, an einem Ort zu sein, um dort zu wirken – in deinem Büro, in deiner Küche, oder wo auch immer es im Moment für dich stimmig wäre und ist. Nimm wahr, wie er dort steht und lächelt. Vielleicht lächelst du zurück, wodurch der Engel noch mehr zu lächeln beginnt.

So ist der Engel der Freude an deiner Seite, jetzt, und wann immer du möchtest. Danke ihm. Er segnet dich. Dann komm mit deiner Aufmerksamkeit wieder zu dir. Atme tief ein und aus. Spüre deinen Körper. Der Engel der Freude ist mit dir, gemeinsam mit dem gelbgoldenen und goldenen Licht. Sei gesegnet.

Freude segnet dich. Sei gesegnet.

P.S.: Du kannst während des Tages zwischendurch kurz die Augen schließen und weiterhin fühlen, dass der Engel der Freude immer noch bei dir ist. Möglicherweise möchtest du dir ein Bild von deinem Engel der Freude malen, das dich daran erinnert, ihn an deiner Seite zu wissen, sobald du es betrachtest. Das hilft auch in Zeiten, in denen es dir erneut schwerer fallen sollte, Freude zu empfinden. Wenn du das Engelbild siehst, richtest du dich über den Engel der Freude dennoch auf die Freude aus, bis du sie wieder selbst erleben kannst.

**Freude Freude Freude Freude
Freude Freude Freude**

Meister Kuthumi lädt dich ein zu pfeifen

Atme bewusst ein und aus. Nimm Kuthumi an deiner Seite wahr. Er ist ganz entspannt und lächelt.

Dann beginnt er ein Lied zu pfeifen und lädt dich ein, dich an die Kraft des Pfeifens zu erinnern. Er sagt, dass du bei allem, was dir in diesen Wochen noch begegnen wird und Enge und Druck erzeugt, pfeifen darfst und kannst.

Wenn du dieses tust, ist er an deiner Seite und unterstützt dich dabei, dass du es laut tun kannst. Denn darüber transformierst du Energien, löst Dichte und auch Ängste auf. So kann Leichtigkeit Raum nehmen und sein, und vor allen Dingen Fröhlichkeit.

Kuthumi berührt dich mit dem gelbgoldenen und goldenen Licht. Es kitzelt dich. Es kitzelt deine Zellen, sodass sie zu lachen beginnen und sich darüber in dir erneut Fröhlichkeit und Leichtigkeit ausdehnen, und das ohne Grund. Denn du benötigst keinen Grund, um fröhlich zu sein.

Er bittet dich, dieses Lachen deiner Zellen auf deine Art und Weise wahrzunehmen.

Während sie dieses weiterhin tun, lädt er dich ein, das, was du immer wieder schwer nimmst, leicht werden zu lassen. Stelle es dir und das, was dir zu nahe

45

geht, wie ein sperriges und schweres Gepäck vor. Kuthumi berührt und verändert es, sodass es leichte Taschen werden, die du, wenn du unbedingt etwas tragen möchtest, halten kannst.

Kuthumi bittet dich, zu beobachten, dass Situationen, in denen du viel denkst, dichter werden anstatt leichter, obwohl deine Gedanken um Lösungen und Lösungsmöglichkeiten kreisen.

Deshalb lädt er dich ein, nicht mehr so viel zu denken. Eine Möglichkeit, die dieses unterstützt, ist das Pfeifen. Eine andere, das gelbgoldene und goldene Licht fließen zu lassen und dabei zu spüren, dass Kuthumi an deiner Seite ist.

Atme tief ein und aus. Kuthumi kitzelt nach wie vor deine Zellen, die du lachen hören kannst. Dabei vibriert alles in dir, sodass du deinen ganzen Körper als einen goldenen Wackelpudding erleben kannst.

Gib dich dieser Bewegung und diesem Lachen, das dadurch entsteht, hin. Jetzt.

Kuthumi dankt dir. Viele Spatzen kommen zu ihm. Sie erfreuen sich an seinem Pfeifen und stimmen darin ein. Darüber breitet sich noch viel mehr Fröhlichkeit auf dich aus, überträgt sich und schwingt in dir weiter.

Wenn du möchtest, pfeife mit Kuthumi und den Spatzenkindern mit. Jetzt!

Kuthumi segnet dich im Namen des gelbgoldenen und goldenen Strahls. Freude segnet dich. Sei gesegnet.

Freude Freude Freude Freude

Freude Freude Freude

Mach dir keine Sorgen

Wir sind Kuthumi. Wir grüßen dich, geliebtes Menschenkind, und segnen dich im Namen des gelbgoldenen und goldenen Strahls. Atme tief ein und aus. Erlaube dir, dass dich die Freude berührt, sich in dir ausbreitet und dich einhüllt. Jetzt.

Wir sind gekommen, um dich zu bitten, dir keine Sorgen zu machen. Unabhängig davon, was sich im Außen bewegt und welche Informationen auf dich einwirken, was dich verunsichert, dich verängstigt und beschäftigt, unabhängig davon, ob es dich selbst oder deine Liebsten betrifft. Mach dir keine Sorgen. Du bist nicht allein.

Atme tief ein und aus und schließe, wenn du möchtest, für einen Moment deine Augen, um die Gegenwart deiner Lichtgeschwister zu spüren, die mit dir sind. Immer! Du bist eingebettet in die unendliche Liebe von Vater-Mutter-Gott. Nun möchten wir unsere Hände auf dein Herz legen. Kannst du es spüren? Wir lassen unsere Leichtigkeit und unsere Lebensfreude einströmen, die beginnen, jegliche Enge in deinem System zu wandeln und aufzulösen und Weite und Freiheit Raum nehmen zu lassen. Jetzt!

Dann nehmen wir unsere Hände und formen daraus eine Schale und halten sie vor dich, und du siehst eine gelbgoldene und goldene Flamme darin lodern. Erlaube dir nun, alles, worüber du nachdenkst, was in deinem Kopf herumschwirrt, dich vielleicht nicht schlafen oder entspannen und zur Ruhe kommen lässt, in dein Herz zu bringen. Atme es über dein Herz direkt in unsere Hände, in das gelbgoldene und goldene Feuer hinein. Wiederhole dieses sooft wie nötig, bis du spürst, dass dein Mentalkörper seinen Frieden findet.

Dann lenke deine Aufmerksamkeit auf deine Gefühle. Was hier schwer, traurig, mutlos, unangenehm, eng, ängstlich und verletzt ist, darf ebenso in dein Herz kommen und darüber in unsere Hände und sanft in die gelbgoldene und goldene Flamme geatmet werden. Wiederhole dieses auch so lange, bis dein emotionales Sein friedvoll, ruhig, weit und leicht wird.

Im Anschluss daran nimmst du deinen physischen Körper wahr. Falls er Schmerzen, Einschränkungen, Disharmonien und Ängste in sich tragen sollte, atme sie über dein Herz in unsere Flammenschale, bis sich dein physisches Sein von Frieden und Ruhe durchdrungen fühlt.

Alle deine Sorgen dürfen über dein Herz in unserem gelbgoldenen und goldenen Feuer sein. Das, was du uns anvertraut hast, wird transformiert. Aus jeder Energie und Schwingungsqualität, die du in unsere Flamme geatmet hast, formt sich nun ein farbenprächtiger Schmetterling, der seine Flügel öffnet, kraftvoll

49

schlägt und aus unseren Händen davonfliegt. Erlebe, wie schön es aussieht. Vielleicht kannst du dich daran erfreuen?

Wenn alle Schmetterlinge weitergetanzt sind, sich alles aufgelöst hat, was dich belastet und was du uns übergeben hast, erlischt das gelbgoldene und goldene Feuer in unserer Handschale. Du kannst erneut tief ein- und ausatmen.

Jetzt legen wir unsere Hände wieder auf dein Herz. Unsere Energie der Freude und der Leichtigkeit strömt ein, um dich damit noch einmal aufzufüllen und dir dieses als neue Information zur Verfügung zu stellen. Nimm wahr, wie sich diese Freude und Leichtigkeit in dir ausdehnen, dich erneut weiten und Freiheit Raum nehmen lasssen.

Wir bitten dich, dieses, wann immer du dir wieder Sorgen machen solltest, zu wiederholen.

Du bist behütet. Wir danken dir. Wir sind Kuthumi. Wir lösen unsere Hände von deinem Herzen, und unsere Freude und Leichtigkeit wirken in dir nach. Wir segnen dich mit dem gelbgoldenen und goldenen Strahl.

Freude segnet dich. Sei gesegnet.

Freude Freude Freude Freude
Freude Freude Freude

Die Milz ist die Mutter der Organe und der Lebensfreude

Die Milz ist ein wichtiges Organ, wenn es um unser Wohlbefinden und unsere Lebensfreude geht. In den östlichen Traditionen wird ihr diese Wertigkeit meist mehr geschenkt als bei uns im sogenannten Westen.

Nicht nur, dass unsere Milz Einfluss auf unseren Blutkreislauf, den Lymphfluss, das Immunsystem, die Muskulatur, unsere Vitalität und unsere Verdauung hat, sie unterstützt uns auch, die Fähigkeit zu entwickeln, uns zu bemuttern und gut zu nähren und voller Lebendigkeit und Lebensfreude zu sein. Deshalb wird sie als „Mutter-Organ" bzw. als „Mutter aller Organe" unseres Körpers bezeichnet.

Die Milz hilft uns, unsere Mitte zu spüren, zu stärken und in unserer Mitte zu sein. Somit ist sie ein Wohlfühlorgan.

Über die Zuwendung an unsere Milz berühren wir auch unsere emotionalen Ebenen in Bezug auf auf die Erfahrungen, die wir mit unseren Müttern, Großmüttern, bemutternden und mütterlich-nährenden Menschen in unserem Umfeld und mit unserem eigenen Muttersein gemacht und gespeichert haben. Über sie können wir den Kontakt und unsere Verbindung zu unserer weiblichen Ahnen- und Ahninnen-Reihe wahrnehmen.

Unsere Milz liebt es warm und gemütlich, und somit liebt sie das gelbgoldene und goldene Licht. Wenn wir zu viel grübeln und uns zu viele Sorgen machen, ist das ein Hinweis darauf, dass unsere Milz uns einladen möchte, ihr unsere Aufmerksamkeit zu schenken.

Das ist ebenso hilfreich, falls wir unter Einschlaf- und Durchschlafproblemen leiden, weil uns etwas zu sehr beschäftigt und unser Gedankenkarussell so schwer zu Ruhe kommen kann. Doch gerade in solchen bewegten Zeiten, wie sie jetzt sind, in denen uns so viel durch den Kopf gehen kann und wir uns vielleicht unzählige Gedanken machen, was die Zukunft wohl bringen wird, ist die Hinwendung an die Milz unterstützend. (Zusätzlich harmonisiert es unser Immunsystem, was in dieser aufregenden „Krönchen-Zeit" ja sehr bedeutsam ist.)

Unabhängig davon, dass wir uns natürlich, um diesen Austausch mit unserer Milz zu vertiefen und wenn es uns Freude bereitet, weiter mit Ernährung, Meridianlehre usw. beschäftigen können, ist Folgendes jederzeit möglich:

Atme tief ein und aus. Lege deine Hände auf deine Milzregion, auf die linke Seite deines Oberbauchs, auf den untersten Rippenbogen. Nimm Kontakt mit dei-

52

ner Milz auf. Lass über deine Hände gelbgoldenes und goldenes Licht zu deinem und in dein Mutterorgan einfließen. Nimm auf deine Art und Weise wahr, wie sie sich damit füllt, auftankt, regeneriert und kraftvoll zu pulsieren beginnt. Altes, Belastendes, Unverdautes oder Unverarbeitetes lässt sie los. Es wird gewandelt. Neue, frische Energie belebt deine Milz über den gelbgoldenen und goldenen Strahl.

Atme zwischendurch bewusst ein und aus, um deine Milz auf diese Weise noch mehr zu verwöhnen und zu unterstützen. Spüre, wie sie durch ihre Arbeit für dich dein ganzes System stärkt, deinen Blutkreislauf und deine Lymphe frei zirkulieren lässt, dein Immunsystem harmonisiert und ausgleicht und dich in deine Kraft und Mitte bringt.

Abschließend verabschiede dich von deiner Milz. Danke ihr. Streichle mit deinen Händen über die Milzregion und löse deine Hände von diesem Bereich. Der Energiefluss des gelbgoldenen und goldenen Lichts verebbt und zieht sich zurück. Nimm deinen ganzen Körper wieder wahr und setze mit dem fort, was zu tun und jetzt deine Aufgabe ist.

Freude segnet dich. Sei gesegnet.

Freude Freude Freude Freude
Freude Freude Freude

Milz-Meditation mit Meister Kuthumi

Wir sind Kuthumi. Wir grüßen dich, geliebtes Menschenkind, und segnen dich im Namen des gelbgoldenen und goldenen Strahls. Wir bitten dich, dir mit uns gemeinsam noch ein bisschen Zeit für deine Milz, der Mutter in dir, zu nehmen.

Dazu mache es dir bitte bequem. Wir legen unsere Hände auf deine Milz, sodass du mit deiner Aufmerksamkeit folgen kannst. Stelle dir deine Milz als Raum vor, in den du jetzt mit uns eintreten kannst. Hier lebt der Aspekt deiner inneren Mutter in dir. Erlaube dir, sie zu entdecken und wahrzunehmen.

Wie zeigt sie sich dir? Wie sieht deine innere Mutter aus? Wie fühlt sie sich? Ist sie kraftvoll, übermüdet, frustriert, ausgemergelt oder freudvoll und glücklich? Wie auch immer sie sich dir zeigt, so darf es sein, und du darfst es annehmen.

Beginne, mit deiner inneren Mutter zu kommunizieren. Was benötigt sie vielleicht, um sich wieder wohlfühlen zu können? Möchte sie den Mutter-Raum umgestalten, damit sie ihre Aufgabe gut oder noch besser erfüllen kann? Was möchte sie dir mit auf den Weg geben? Worauf solltest du in nächster Zeit achten?

Wann immer du dich zu sehr sorgst oder fürchtest, kannst du in deinen Mutterraum kommen. Hier findest du Lösungen, Antworten und Beruhigungen. Deine innere Mutter weiß, was dir guttut.

Gleichzeitig kann dieser Kontakt, die Energie dieses Kontaktes zu deiner Mutter, wann immer du möchtest, überfließen und deine Mutterbeziehungen und deine mütterlich-weiblichen Begegnungen, deine Mutterverbindungen, deine Muttererinnerungen und dein Muttersein durchströmen. Und wo auch immer eine Irritation, eine Enge, eine Belastung oder eine Dichte ist, darf es sich, Schritt für Schritt und in deinem eigenen Tempo, auflösen und erleichtern.

Nun erlaube dir, dieses Sein mit deiner inneren Mutter zu genießen. Spüre, wie es dich stärkt und nährt. Dieser Austausch hilft dir, alles zu verdauen und zu verarbeiten, was dir jemals begegnet ist und noch begegnen wird, und was du verinnerlicht hast. In weiterer Folge entlastet es dein gesamtes Verdauungssystem. Jetzt!

Nun ist es Zeit, zu feiern. Tanze und lache mit deiner inneren Mutter und fülle den Milzraum mit Fröhlichkeit und Leichtigkeit. Nimm die Lebensfreude wahr, die ihn erfüllt. Bade, solange du möchtest, in dieser Energie des mütterlichen Seins und der Freude. Lass es über deinen Mutterraum in die Gesamtheit, die du bist, strömen und überall wirken.

Dann verabschiede dich von deiner inneren Mutter. Komme mit uns aus dem Raum deiner Milz wieder hinaus. Deine Aufmerksamkeit ist bei der Wahrnehmung deines ganzen Körpers. Wir segnen deine wunderbare Fähigkeit, dich zu bemuttern. Wir segnen deine Milz und lösen unsere Hände von ihr.

Spüre der Wirkung dieses kleinen Ausflugs nach. Er kräftigt dich. Wiederhole ihn, wann immer du möchtest, um ein Fels in der Brandung zu sein, falls dieses erforderlich sein sollte.

Nun nimm deine Mitte wahr, was auch immer für dich deine Mitte ist. Sei in deiner Mitte. Jetzt!

Sie ist erfüllt von Kraft und Lebensfreude.

Wir sind Kuthumi. Wir danken dir. Wir segnen dich mit dem gelbgoldenen und goldenen Strahl.

Freude segnet dich. Sei gesegnet.

**Freude Freude Freude Freude
Freude Freude Freude**

56

Lächle so oft wie möglich

Wir wissen, dass Lachen gesund ist. Lächeln auch.

Wenn wir das tun, senden wir Impulse an unser Gehirn, das dann davon überzeugt ist, dass wir uns wohlfühlen und es uns gut geht. Dementsprechend verändert sich einiges im physischen Körper, zum Beispiel bei unserem Blutdruck, unserer Muskelspannung, unserer Hormonausschüttung usw., und unsere emotionalen Empfindungen folgen, sodass wir uns wirklich besser zu fühlen beginnen.

Diese Erkenntnisse haben wir uns zum Beispiel im Lach-Yoga zunutze gemacht, die daraus entstanden sind.

Nein, keine Sorge. Wir machen jetzt kein Lach-Yoga. Denn ich weiß, dass das viele gar nicht so lustig finden und es für sie eine sehr große Herausforderung wäre, sich darauf einzulassen. Denn gerade, wenn wir uns sehr schwer, traurig, kraftlos, frustriert, wütend oder ängstlich fühlen, würde uns eine Einladung, jetzt zu lachen, tierisch auf den Keks gehen und unsere Laune in keiner Weise verbessern.

Doch was möglicherweise auch in einer solchen Situation möglich ist, ist zu lächeln, zumindest ein ganz klein wenig. Und das wäre schon großartig und würde viel bewegen und in uns und für uns verändern.

Lächeln, Lachen, Fröhlichkeit, Leichtigkeit und Freude sind Qualitäten, die sowohl der gelbgoldene als auch der goldene Strahl fördern und unterstützen. Deshalb lächelt und lacht Meister Kuthumi auch so oft, wenn er uns begegnet. Das ist auch der Grund, warum das mit in *Das kleine Buch der Freude* gehört.

Vielleicht kannst du dir irgendwo in deinem Wohn- oder Arbeitsraum ein kleines Smiley kleben, das dich daran erinnert, zu lächeln.

Meine „Lächel-Erinnerungsankerpunkte" sind das Duschen und das Autofahren. Ich singe nicht unter der Dusche, was allerdings auch die Stimmung hebt und eine Möglichkeit wäre, uns besser zu fühlen, sondern ich lächle, zumindest, wenn ich es nicht vergesse. ☺

Wenn ich alleine mit dem Auto unterwegs bin, erinnere ich mich auch immer wieder daran und lächle. Dabei habe ich das Gefühl, etwas Gutes und Unterstützendes für mich zu tun. Abgesehen davon, dass wir, wenn wir lächeln, sogar jünger aussehen... ☺.

Um die positive Wirkung des Lächelns zu nutzen, kann, wer möchte, einen Stift zwischen die Zähne nehmen, weil das unsere Mundwinkel auch noch oben gehen lässt. Ich mache das beispielsweise, wenn ich an meiner Buchhaltung sitze, wo es ja auch nicht schaden kann, zwischendurch zu lächeln.

Noch eine einfache Anregung, um Wohlfühlen zu fördern, ist die sanfte, kreisende Massage unserer äußeren Wangenknochen, zum Beispiel mit einem für unsere Haut angenehmen Öl oder einer stimmigen Creme. Das ist sehr entspannend. Auch das kannst du, wenn du möchtest, jetzt gleich ausprobieren!

Freude segnet dich. Sei gesegnet.

Freude Freude Freude Freude
Freude Freude Freude

Spiegelbild

Kuthumi sagt, dass du dir vorstellen kannst, dass diese Seite ein Spiegel ist. Dein Spiegelbild lächelt dir entgegen. Vielleicht möchtest du zurücklächeln?

Freude Freude Freude Freude

Freude Freude Freude

Du hast viele Verbündete

Wir sind Kuthumi. Wir grüßen dich, geliebtes Menschenkind. Wir segnen dich im Namen des gelbgoldenen und goldenen Strahls. Atme tief ein und aus. Lass das Licht der Freude für dich und in dir wirken.

Wir sind gekommen, um dich einzuladen, mit uns eine kleine Reise zu machen. Dazu nehmen wir dich an die Hand. Wir bitten dich, deine Augen zu schließen, um mit uns in einer sanften, grünen Landschaft anzukommen und zu sein.

Hier führen wir dich zu einem Wald. Er vermittelt dir Geborgenheit und Sicherheit.

Unser Weg bringt uns auf eine Lichtung. Hier haben sich alle Tiere des Waldes versammelt, weil sie auf dich warten. Begrüße jedes einzelne und nimm es wahr. Begleitet werden sie von der Hüterin des Waldes und der Tiere, einem Aspekt der Großen Mutter.

Atme tief ein und lass diese Kraft des Lebens auf dich wirken.

Nun schenke dir die Zeit, um den Tieren zuzuhören. Was möchten sie dir erzählen? Was möchten sie für dich tun und für dich sein? Wobei bitten sie dich, dich unterstützen zu dürfen? Was sind ihre Stärken, die sie mit dir teilen und auf dich überfließen lassen, wann immer du es benötigen solltest?

Alle diese Tiere sind deine Verbündeten. Sie sind immer für dich da. Sie laden dich ein, dieses Geschenk der Freundschaft anzunehmen, damit du dich niemals mehr einsam zu fühlen brauchst, wenn du alleine bist. Denn du kannst sie rufen, mit dir in jedem Raum zu sein, in dem auch du gerade bist, oder du gehst in diesen Wald, um sie zu besuchen.

Jetzt kommen dir einige von ihnen ganz nahe. Sie schmiegen sich an dich. Sie möchten von dir gestreichelt werden, sodass du ihr Fell oder ihre Haut deutlich spüren kannst. Dabei bitten sie dich, noch mehr wahrzunehmen, wie vertraut sie dir sind und sein wollen. Du kannst ihnen alles erzählen, was dir am Herzen liegt. Sie hören dir zu. Sie verstehen dich. Über ihre Liebe fließt dir das zu, was dir guttut und dich heilen und heil sein lässt.

Verweile mit ihnen, solange du möchtest. Die Tiere freuen sich so sehr über deinen Besuch. Das kannst du fühlen. Nimm diese Freude tief an und in dich auf. Dann verabschiede dich von deinen Freunden und Freundinnen. Du kannst jederzeit zurückkehren. Die Hüterin des Waldes und der Tiere segnet dich.

Nun führen wir dich wieder von dieser Lichtung, durch den Wald, über die grüne Landschaft zurück in deinen Raum und in deine Zeit.

Spüre deinen Körper. Spüre diesen Begegnungen nach und lass die Freude der Tiere weiter in dir schwingen. Werde dir noch einmal bewusst, dass du viele Verbündete hast, die an deiner Seite sind und für dich einstehen, wann immer es benötigt wird.

Wir danken dir. Wir sind Kuthumi. Wir segnen dich mit dem gelbgoldenen und goldenen Strahl der Freude. Jetzt!

Freude segnet dich. Sei gesegnet.

Freude Freude Freude Freude
Freude Freude Freude

Du darfst dich freuen 1

Wir sind Kuthumi. Wir grüßen dich, geliebtes Menschenkind. Wir segnen dich im Namen des gelb-goldenen und goldenen Strahls. Wir wissen, dass es traurige Erfahrungen gibt oder Situationen, die dich an deine Grenzen bringen, oder auch manchmal darüber hinaus. Wir wissen, dass dir Unverständliches begegnen kann und Ereignisse stattfinden, die aus menschlicher Sicht scheinbar kaum auszuhalten sind. Wir wissen um den Schmerz, den du innerhalb eines Menschenlebens erfahren kannst. Denn wir haben es selbst durchlebt. All das darf da sein, darf seinen Raum, seinen Platz und seine Zeit haben.

Parallel dazu ist es möglich, dich auch zu freuen. Du darfst für etwas Freude empfinden. Erinnere dich an eine Münze. Sie hat zwei Seiten. Beide sind zur gleichen Zeit da, beide sind immer da, unabhängig davon, ob du dich für eine Seite entschieden hast oder entscheiden möchtest, oder welche davon du betrachtest oder ihr deine Aufmerksamkeit schenkst.

Beide Seiten der Münze sind also jederzeit da. So ist auch Freude immer da, gleichgültig, wie tief ein Schmerz im Moment scheint, der dich hinwegzuschwemmen oder zu zerreißen droht. Daran erinnere dich. Wann immer du auf die schmerzvolle Münzseite blickst, richte dich, so oft es dir möglich ist, auch auf die andere aus. Erlaube dir, auf beide Seiten der Münze zu schauen, selbst wenn es sehr wechselhaft, sprunghaft oder unausgewogen sein sollte.

Wir bitten dich, dir zu erlauben, dich zu freuen, wenn sonst keiner in deinem Umfeld einen Grund dafür findet und es niemand tut. Erlaube dir, dich zu freuen, auch wenn auf der Welt viele fordernde, verwirrende, unsichere und belastende Situationen und Ereignisse sind. Wir bitten dich, dich ebenso zu freuen, wenn in deinem eigene Leben etwas oder alles drunter und drüber geht, dich schmerzt, dich ängstigt, dich verletzt, oder es dir den Boden unter den Füßen fortzuspülen scheint.

Wir sagen nicht, dass du dich über all das, was wir erwähnen, freuen sollst. Wir möchten dir in diesem Erleben vermitteln, dass wir dich verstehen. Es ist nicht unser Bestreben, diese Erfahrungen zu negieren, hinunterzuspielen, zu verdrängen oder zu verharmlosen. Wir laden dich lediglich ein, die zweite Seite der Münze zu sehen, um auch dorthin deinen Blick zu wenden.

Deshalb halte in deinem Alltag, in deinen Prozessen, in deinen Erlebnissen, die sind, wie sie sind und so sein dürfen, zwischendurch inne. Stell dir deine Lebens- oder Erfahrungsmünze vor. Drehe sie um. Erlaube dir, dich zu freuen. In diesem Moment geht es nur um die Erlaubnis dafür, du brauchst dich noch nicht anders zu fühlen oder sogar Freude zu verspüren. Erlaube dir nur, dass du dich freuen darfst!

Das ist dann wie ein Samen der Freude, den du säst, der zu einem kleinen Pflänzchen werden darf, bis es größer und größer wächst.

Freude ist eine Kraft. Freude transformiert. Freude findet Lösungen. Freude bringt in Bewegung. Freude lässt Hoffnung schöpfen. Freude vertreibt Kummer und öffnet neue Türen. Freude kann so viel. Wenn du dich freust, tust du dir und allen Menschen etwas Gutes.

Du stärkst das kollektive Feld der Freude der ganzen Menschheit, denn dieses Feld ist Teil der Morphogenetik. Es darf noch sehr genährt und vergrößert werden. Weil in den Erfahrungsspeichern der Menschen noch viele Erinnerungen an das auslaufende Fischezeitalter, an das Lernen durch Leid, gesammelt sind. Diese Erfahrungen können und sollen durch die neue Zeitqualität des Wassermannzeitalters, in dem Lernen in, aus und durch Freude geschieht, „überschrieben" werden. Dafür braucht es viele Menschen, die sich freuen und in Freude leben.

Du darfst dich freuen! Denn du bist hierher auf die Erde gekommen, um dich zu erfreuen und Freude zu verspüren, zu empfangen und in Freude zu leben. Deshalb laden wir dich erneut ein, die kleinen alltäglichen Dinge und Möglichkeiten zu sehen, über die du dich *freuen kannst, selbst wenn ringsherum heftige Winde der Veränderung wehen. Achte auf die Freude in deinem Leben. Wir danken dir dafür.*

Wir sind Kuthumi. Wir segnen dich mit dem gelbgoldenen und goldenen Licht der Freude.

Freude segnet dich. Sei gesegnet.

**Freude Freude Freude Freude
Freude Freude Freude**

Nur Mut!

Manchmal beschleichen uns Ängste. Und dafür kann es viele Gründe geben.

Es kann ein Erlebnis aus der Kindheit sein, das auf diese Art und Weise immer wieder anklopft, damit wir uns ihm zuwenden. Oder sie wurden von einer aktuellen Situation ausgelöst, wenn wir beispielsweise unsere Arbeitsstelle verloren oder eine Diagnose erhalten haben und noch nicht wissen, wie es weitergehen wird.

Vielleicht sind es Erfahrungen aus früheren Leben, die durch Begegnungen und Umstände aktiviert wurden, um uns zu vermitteln, auf der Hut zu sein, damit es zu keinen Wiederholungen kommt und die letztendlich auch verarbeitet und integriert werden möchten.

Es können bewusste oder unbewusste, konkrete oder diffuse, begründete und unbegründete Ängste sein. Möglicherweise sind wir durch die hormonellen Veränderungen (zum Beispiel in den Wechseljahren), die es mit dem Älterwerden geben kann, ängstlicher geworden. Vielleicht auch deshalb, weil wir, in welcher Form auch immer, mit der Endlichkeit des physischen Lebens konfrontiert werden.

Auch die Intensität unserer Ängste kann sehr unterschiedlich sein. Es gibt jene, die einfach Unsicherheiten sind, mit denen wir mehr oder weniger gut umgehen können. Es ist auch möglich, dass sie groß und sehr bedrohlich sind, und es uns dennoch gelingt, sie an die Hand zu nehmen, zu beruhigen und die Führung in unserem Leben beizubehalten.

Ebenso können die Ängste so riesengroß und mächtig sein, dass sie uns lähmen, erdrücken und die Luft zum Atmen nehmen, und uns glauben lassen, den Boden unter den Füßen zu verlieren und sterben zu müssen.

In diesen Fällen diktiert die Angst unseren Alltag, sie hat uns an die Hand genommen und führt uns – und nicht umgekehrt –, was sehr anstrengend für uns ist. Die Zahl der Menschen, die schon Bekanntschaft mit diesen riesengroßen Ängsten gemacht haben, ist in den letzten Jahren sehr gestiegen. Davon betroffen sind auch viele Kinder und Jugendliche.

Es ist eine Folge dieser Zeitqualität. Aufgrund der Schwingungsveränderungen auf dem Weg tiefer in die Fünfte Dimension werden unsere Systeme sensitiver und sensibler, sodass sie schneller und intensiver auf Energien reagieren.

Früher waren unsere Körperfelder robuster, hatten mehr „Übersetzungsfilter" eingebaut. Jetzt sind sie so kristallin und durchlässig und leiten jede Information, die aufgenommen wird, sofort weiter. Unser Nervensystem ist deshalb ganz anders gefordert und im Dauereinsatz, wodurch Überreizungen und Überforderungen leichter stattfinden können. Es braucht für unser Wohlbefinden noch mehr Ausgleich und Phasen der Erholung als bisher.

Parallel dazu fördert unser Lebensstil, unser enger Takt im Alltag, das nicht unbedingt, sodass immer wieder ein Spannungsfeld entsteht zwischen den Bedürfnissen unserer Systeme und dem, wie unser täglicher Ablauf und der Kreislauf sein sollten. Das wiederum verstärkt die Überreizung unserer Körperfelder, was eine Zunahme der physischen und psychischen Irritationen unterstützt.

Zusätzlich sind unsere kleinen, großen und riesengroßen Ängste eine Einladung, das, was uns an Erfahrungen bindet – also unsere einschränkenden, alten Erinnerungen –, zu transformieren. Das bedeutet: unsere Kontrollmechanismen loszulassen und uns ganz(heitlich) der Führung unseres Hohen Selbst, unseres wahren Wesens, dem Fluss des Lebens oder der Quelle allen Seins, hinzugeben. Das klingt sehr leicht, und unser Herz drängt uns auch in diese Richtung. Wir kommen gar nicht daran vorbei. Doch für uns und unsere Systeme ist das Hochleistungssport und ständige Hochleistungsarbeit.

Deshalb reagieren wir also intensiver als früher auf alles, was so in und um uns herum ist, und unsere Ängste können ein Symptom dafür sein. Diese wiederum fördern entzündliche Prozesse im Körper, wie beispielsweise Reizdarm-Syndrome und anderes mehr.

Unabhängig davon, welche Hintergründe unsere Ängste haben, oder wie intensiv sie sich zeigen, sie haben eins gemeinsam: Sie benötigen, besser gesagt, *wir* benötigen, Vertrauen. So können sich Ängste lösen. Es bedeutet, dass uns das innere Gefühl von Sicherheit verloren gegangen ist, aber wir können es wiederfinden, und daraus erwächst dann Vertrauen. Und das braucht Mut!

Menschen, die (viele) Ängste haben, sind mutige Menschen, sehr mutige sogar. Auch wenn sie sich im Moment nicht so erleben und der Zugang versteckt und verborgen zu sein scheint. Doch erinnern wir uns an die Münze, von der Meister Kuthumi sprach.

Wenn auf einer Seite große Angst da ist, ist auf der anderen viel Mut. Anders ist es in einem Universum, das in der Essenz ein Gleichgewicht der Kräfte darstellt, gar nicht möglich.

Deshalb können wir den Mut wiederfinden und ihn parallel zu all unseren Unsicherheiten und Ängsten fördern, sodass wir wieder in unsere Mitte kommen. Daraus entsteht die Wahrnehmung, dass sich unsere Ängste aufgelöst haben oder zumindest kleiner und leichter geworden sind.

Unabhängig davon, welche Hilfen wir auf diesem Weg für uns in Anspruch nehmen möchten oder vielleicht auch müssen, sind die Anregungen in diesem Buch unterstützend.

Also wenden wir uns nun dem Mutigsein zu und dem, was den Mut sich zeigen und wiederfinden lässt.

Wenn wir ängstlich sind, können wir unsere Angst personifizieren und uns mit ihr unterhalten, sie in unser Herz nehmen und mit der Liebe unseres Herzens durchströmen, bis sie kleiner wird oder sich vielleicht auflöst – zumindest für den Moment.

Wir können den Kontakt zu unserem Inneren Kind pflegen. Es fragen, was es benötigt, um sich sicher fühlen und vertrauen zu können, und es ihm in der inneren und äußeren Welt zur Verfügung stellen.

In einer Entspannungsreise ist es möglich, uns aufzumachen, einen sicheren Ort in uns zu finden. Dieser kann in unserem Herzen, unserem Solarplexus oder in unserem Beckenraum liegen und eine Insel, ein Raum, eine Höhle oder ein Garten sein. Es ist unser innerer Platz, an den wir uns jederzeit zurückziehen können, um uns zu erholen, Kraft zu schöpfen, Mut zu finden oder mit uns selbst zu sein. Hier sind wir behütet. Alle unsere Ängste, Unsicherheiten, Verletzungen und Erfahrungen bleiben außerhalb. Wir können von hier zwar darauf blicken, doch nichts davon kann mit uns an diesem für uns sicheren Platz sein.

Meiner ist beispielsweise ein großes Prinzessinnenzimmer mit einem Himmelbett, auf dem mein Inneres Kind liebend gerne hüpft, weil es so schön federt. Ich habe einen großen, goldenen Schlüssel für die Tür zu diesem Zimmer, die ich zusperren kann (was mir noch einmal bestätigt, dass ich hier wirklich nur für mich sein darf).

Der Austausch mit anderen Menschen lässt unseren Mut wachsen und hilft uns, einen leichteren Umgang mit unseren Ängsten zu finden. Häufig können wir dabei feststellen, dass die anderen uns gar nicht so unähnlich sind mit dem, was sie bewegt oder sie erlebt haben, oder sie inspirieren uns durch die Art und Weise, wie sie ihre Herausforderungen meistern bzw. gemeistert haben. Das motiviert und entspannt.

Dabei geht es nicht um ein Mitleiden oder gar Bemitleiden und Jammern, sondern um einen konstruktiven Austausch. Dieser ist dann möglich, wenn wir unser Gegenüber und uns selbst nicht als Opfer wahrnehmen, sondern als Meister und Meisterin unseres und seines bzw. ihres Lebens. Wir brauchen nicht den Mangel in uns zu sehen, sondern unsere Kraft.

Auch wenn wir ängstlich sein sollten, können wir uns jederzeit dafür entscheiden, jetzt! im Vertrauen sein zu wollen und zu sein. Wir können uns dafür entscheiden, jetzt! in den Fluss des Vertrauens zu springen und uns von ihm tragen und führen zu lassen und ihm alles anzuvertrauen, was uns verengt, bewegt und verunsichert. Immer wieder ist es möglich, diese Entscheidung zu fällen:

Jetzt, vertraue ich!
Jetzt bin ich im Vertrauen!
Jetzt!
Ich vertraue!
Jetzt!

Indem wir uns unseren Wurzeln zuwenden, unserer Basis, und die Kommunikation mit der Erde vertiefen – all das stärkt unseren Mut, denn unser Freude-Zentrum, unser Solarplexus, ist auch ein Mut-Zentrum, sodass die Beschäftigung mit unserer inneren Sonne und das Genährt-Werden durch sie auch unseren Mut wachsen lässt.

Wir können laut singen, oder es uns in unserer inneren Welt vorstellen, dass wir laut singen. Singen macht mutig. Zusätzlich hebt es die Stimmung, tut unserem Immunsystem gut und schenkt uns auch sonst noch einiges, was uns kräftigt, heilt und wohltut.

Als ich ein Kind war musste ich abends nach der Chorprobe und ähnlichen Ereignissen häufig alleine nach Hause gehen. Der Weg führte an dunklen Hofeinfahrten und -durchgängen und vielen Gartenhecken vorbei, sodass ich mich sehr fürchtete. Intuitiv habe ich dabei immer laut gesungen. Das hat mir Mut gemacht.

Damals kannte ich den Zusammenhang natürlich noch nicht, sondern ich habe es einfach getan. Erst später wurde mir bewusst, dass ich auf ein altes Hilfsmittel zurückgegriffen hatte, Ängste zu entspannen und mich mutiger zu fühlen.

Angst ist ein Gefühl, und Gefühle sind dem Wasserelement zugeordnet. Da die Niere (und auch die Blase) in unserem Körper dem Element Wasser entsprechen, stehen sie mit unseren Ängsten in Verbindung. Das bedeutet, dass Nähren und Stärken der Nieren bzw. primär der Nierenenergie uns im Umgang mit unseren Ängsten ermutigt und unterstützt. Und das geht am schnellsten, indem wir die Hände reiben, bis sie warm sind, und sie dann auf unsere Nieren legen, um sie mit Energie aufzufüllen. Die Nieren lieben das.

Das können wir tun, sooft und wann immer wir möchten. Wenn die Hände auf den Nieren ruhen, ist es ergänzend möglich, das gelbgoldene und goldene Licht mit einfließen zu lassen, bis unsere Nieren zu pulsieren und kraftvoll und freudig zu vibrieren beginnen. Abschließend streicheln wir über diese Körperregion und lösen unsere Hände wieder davon.

Wenn wir ängstlich sind, lässt es unseren Mut wachsen, wenn wir mit der Aufmerksamkeit im Hier und Jetzt sind. Wir können bewusst wahrnehmen, was an dem Ort, an dem wir uns gerade befinden, steht, liegt, wie er aussieht, eingerichtet ist, welche Pflanzen vielleicht blühen, wie er riecht usw. Oder wir spüren unseren Körper, unsere Füße, wie sie in Kontakt mit dem Boden sind, und beginnen, mit unseren Händen unsere Körperkonturen, unsere Grobstofflichkeit, im wahrsten Sinne des Wortes zu *begreifen* und dabei die Festigkeit und die Stabilität unserer Physis spüren.

Und wenn wir unseren Mut ganz schnell aktivieren möchten, brauchen wir uns nur breitbeinig hinzustellen, unsere Arme auf die Hüften stemmen und den Blick nach vorne zu richten. Wir können stehen und beobachten, wie sich das dann anfühlt, wobei der Atem fließen darf, wie er möchte und kann.

Eine Erweiterung wäre, in dieser Haltung zu stampfen. Wann immer wir den Impuls bekommen, dass es für den Moment genug ist, lösen wir uns aus dieser Körperposition.

Doch auch unsere tierischen Freunde stehen uns auf mannigfaltige Art und Weise zur Verfügung, um uns zu unterstützen, mutig zu sein.

Der Löwe oder die Löwin sind Zeichen des Mutes. Deshalb gibt es im Yoga eine Übung, die der (kleine) Löwe genannt wird, die unseren Mut fördert, uns zusätzlich mit Energie auflädt und nebenbei der Leber beim Entgiften behilflich ist. Aus diesem Grund ist sie, je nach Intensität des Übens, am Abend nur bedingt empfehlenswert, da sie uns eventuell so munter macht, dass wir danach nicht mehr einschlafen können.

Die Ausführung gibt es in verschiedenen Varianten. Eine davon ist, in einer aufrechten Position zu sit-

76

zen und gleichzeitig die Hände zu Krallen anzuspannen und zu halten, während der Mund geöffnet ist und die Zunge weit hinausgestreckt wird. Die Augen sind groß aufgerissen, und dazu machen wir einen Fauchlaut, bei dem wir uns vorstellen können, dass alles, was die Leber oder sonst irgendeinen Teil von uns belastet, über den Mund aus unserem Körper strömt. Im Anschluss daran entspannen wir uns, spüren der Wirkung dieser Übung nach und können sie noch einige Male wiederholen, wenn wir möchten.

Wem das zu dynamisch sein sollte und wer es lieber ruhiger angehen lassen möchte, kann beispielsweise mit Meister Kuthumi zu seinen Tierverbündeten reisen.

Dabei können wir fragen, welches Tier sich uns als Mut-Tier zur Seite stellen möchte, und es dann mit in unser Sein im Hier und Jetzt einladen, sodass es uns begleiten kann. Es kann für uns brüllen, fauchen, zischen oder schreien, um Energien in Räumen, in denen wir uns bewegen, zu transformieren, bei Gesprächen neben uns sein, uns vorausgehen und Wege und Plätze vorbereiten, damit wir uns wohlfühlen, und vieles andere mehr.

Genug gesprochen. Jetzt kannst du für dich spüren und entscheiden, ob du irgendetwas von dem, was wir erwähnt haben, ausprobieren möchtest. Nur Mut!

Freude segnet dich. Sei gesegnet.

**Freude Freude Freude Freude
Freude Freude Freude**

Mandelkerne gefällig?

Diese Mandelkerne, von denen wir hier sprechen, sind nicht zum Essen. Sie sind in unserem Kopf und tragen den wunderschönen Namen *Amygdala.* Dieses Mandelkern-Paar ist Teil unseres limbischen Systems und liegt mitten in unserem Gehirn.

Die Mandelkerne haben großen Einfluss auf unsere Emotionen, vor allen Dingen, wenn wir Angst empfinden. Sie lassen uns in solchen Situationen beispielsweise schwitzen und beschleunigen unseren Herzschlag.

Aber für unser Wohlbefinden ist es wichtig, dass unsere Mandelkerne entspannt sind. Denn sie analysieren Situationen und Erlebnisse und teilen uns aufgrund ihrer Einschätzung mit, wie wir reagieren sollen, ob etwas zum Beispiel gefährlich ist und wir unseren Körper und unser System entsprechend mobilisieren müssen, oder nicht. Und unser Körper hört auf sie. Sie sind sozusagen die Berater unseres Körpers.

Sie erinnern uns an mögliche Traumen, die wir noch in uns tragen, und aktivieren Stresshormone, wenn eine neue Erfahrung Ähnlichkeiten damit aufweist. Unsere Amygdala verbindet unsere Erlebnisse mit Emotionen und speichert sie so in uns ab. Wenn sie nicht mehr zu Ruhe kommt, zu viel arbeitet und dadurch ständigen Stress produziert, können wir Situationen nicht mehr richtig einschätzen. Es ist möglich, dass wir Panik, Ohnmacht und andere somatische Beschwerden entwickeln. Deshalb finden die Mandelkerne im therapeutischen Kontext viel Beachtung, denn wenn es ihnen gut geht – sprich, wenn sie entspannt sind –, fördern sie das Wahrnehmen und Erleben lustvoller Empfindungen.

Zum Glück benötigen wir kein weiteres anatomisches Wissen, um ihnen – und somit uns – etwas Gutes zu tun, und deshalb laden wir dich nun ein.

☆☆

Mache es dir bitte im Liegen oder im Sitzen bequem. Atme tief ein und aus. Lenke deine Aufmerksamkeit zu deinem Körper und damit zu dir.

Lade das gelbgoldene und goldene Licht ein, dich zu berühren, über deinen Scheitel einzufließen, dich zu durchströmen und einzuhüllen. Nimm darüber die Gegenwart von Meister Kuthumi wahr, der an deiner Seite ist. Nun lege deine Hände sanft auf deine Schläfen. Darüber kannst du, über deine mentale Ausrichtung, in den Kontakt mit deinen Mandelkernen gehen.

Meister Kuthumi platziert seine Hände nun auf deine Hände. Gemeinsam mit ihm beginnst du, deine Mandelkerne mit der gelbgoldenen und goldenen

Energie zu verwöhnen und zu beglücken. Du kannst wahrnehmen, wie sie von möglicherweise zu viel Aktivität zur Ruhe kommen, wie sie sich entspannen und diese Zuwendung genießen. Sie fangen an, sich wohlzufühlen und strahlen in deinen physischen Körper, dein emotionales und in dein mentales Feld die Überzeugung: Alles ist gut, sodass auch diese Teile deines Seins bei Bedarf Anspannungen loslassen, zur Ruhe kommen und sich erholen können.

Das erlebst und spürst du ganz deutlich, auf deine eigene Art und Weise. Dein Atemfluss unterstützt es und das gelbgoldene und goldene Licht ebenso. Dein System darf sich wohlfühlen, im Frieden und entspannt sein. Du darfst dich wohlfühlen, im Frieden und entspannt sein. Jetzt.

Eine tiefe Regeneration all deiner Ebenen und all dessen, was zu dir gehört, setzt ein. Deine Mandelkerne freuen sich und setzen diesen Strom von heiteren, zufriedenen und ruhigen Impulsen fort. Verweile in diesem Energiefluss, bis du spürst, dass es für den Moment ausreichend ist.

Dann segnet Meister Kuthumi deine Mandelkerne und löst seine Hände von deinen. Du kannst über deine Schläfen streicheln, dich von deiner Amygdala verabschieden und deine Arme und Hände sinken lassen.

Atme tief ein und aus. Erlaube dir, noch einmal zu fühlen, wie entspannt und gelassen du bist.

Mache diese kleine Übung, sooft du möchtest, um dich wohlzufühlen und emotional stabil zu sein.

Meister Kuthumi dankt dir. Das gelbgoldene und goldene Licht segnet dich und zieht sich behutsam aus dir zurück. Deine Aufmerksamkeit kommt ganz zu deinem Körper zurück, um wieder ganz in deinem Hier und Jetzt zu sein.

Freude segnet dich. Sei gesegnet.

Freude Freude Freude Freude

Freude Freude Freude

Du darfst dich freuen 2

Wir sind Kuthumi. Wir grüßen dich, geliebtes Menschenkind, und wir segnen dich im Namen des gelbgoldenen und goldenen Strahls. Wir möchten dich erneut bitten, dir zu erlauben, dich zu freuen und freuen zu dürfen.

Wenn dir bewusst geworden ist und du annehmen konntest, dass Freude immer da ist, wie tief die schwarzen Löcher und Täler, die dich umgeben und durch die du dich gefühlt bewegst, auch sein mögen, ist es möglich, noch ein bisschen weiter in das Feld der Freude hineinzusinken.

Deshalb stell dir die folgenden Fragen:

Was macht mir Freude?

Worüber freue ich mich?

Was hat mir Freude bereitet?

Worüber habe ich mich gefreut?

Was würde mir Freude bereiten?

Was wird mir Freude bereiten?

Spiele mit der Freude und dem Gedanken an die Freude. Wenn du dich mit der Freude beschäftigst, wächst sie, weil sie Aufmerksamkeit und dadurch Energie bekommt. So bitten wir dich, dir diese Fragen in der

Regelmäßigkeit zu stellen, um dich darüber mehr auf das Feld der Freude einzulassen, darin anzukommen und dort zu Hause zu sein.

Dem Weg der Freude zu folgen bedeutet, dass du über deine Antworten beginnst, mehr Freude in dein Leben zu bringen. Genauso bitten wir dich, so viele Impulse wie möglich, die sich daraus ergeben, umzusetzen, im Hinblick darauf, was dir Freude bereitet oder dir Freude bereiten würde. Das lässt ein Grundpolster der Freude in dir entstehen, von dem du dann zehren kannst, auch wenn die Zeiten wieder einmal dichter sein sollten. Über dieses Freudepolster in deinen Zellen dehnt sich das Empfinden aus, dass Freude einfach da ist, pulsiert und schwingt, ohne dass es einen Grund dafür gibt oder geben muss. Es hilft, dass du Freude in dir spüren kannst, ohne zu wissen, weshalb, weil kein äußerer Anlass dazu besteht. Diese Qualität in dir zu entwickeln, darum bitten wir dich. Denn so ist die Freude frei.

Wir wissen, dass es nicht immer einfach ist, sich überhaupt für die Freude zu öffnen, wenn du siehst, was, oberflächlich betrachtet, auf der Welt geschieht. Wir wissen, dass es nicht immer leicht ist, sich täglich die Frage zu stellen, was Freude bereitet und bereiten würde, vor allen Dingen, wenn du in Sorgen über die Zukunft fast erstickst. Dennoch bitten wir dich, es zu tun. Denn wenn DU nicht damit beginnst, wer sollte es dann tun? Es braucht jeden Einzelnen und jede Einzelne in dieser Zeit, um darüber die Grundenergie auf dieser Erde, die kollektiven Felder, zu verändern. Nicht für Gaia, denn Gaia geht ihren Weg so oder so, sondern für die Menschen, die eine Menschheit, deren Teil du bist.

Wenn du dir die Frage stellst, was dir Freude macht, fallen dir vielleicht auch Dinge ein, die du aus materiellen, physischen oder psychischen Gründen derzeit gar nicht umsetzen könntest. Das macht nichts. Stelle sie dir dennoch vor und genieße die Vorstellung dessen, dass du es tust und es dir Freude schenkt.

Gleichzeitig erlaube dir ebenso, etwas zu finden, was du sehr wohl erleben kannst, wie beispielsweise das Genießen eines Sonnenstrahls oder einer heißen Tasse Tee, das Betrachten einer Blume oder an ihr zu riechen, oder einem Vogelkonzert zu lauschen. So etwas ist immer möglich und sollte Teil deiner Liste der Freude sein.

Leichtigkeit bedeutet nicht, dass der Weg selbst leicht sein muss, sondern dass durch das bewusste Gehen, was manchmal auch fordernd sein kann, mehr und mehr Leichtigkeit entsteht. Erkenne und begreife.

Nun berühren wir dein Herz, um es für die Freude zu öffnen, die Freude daran, am Leben sein zu dürfen, zu leben – an deinem Ort, in dieser Zeit, mit allen möglichen Höhen und Tiefen. Wir möchten dich öffnen für die Freude darüber, dass du lebst!

Wir danken dir und bitten dich, unsere Worte in deinem Herzen zu bewegen und in deinen Alltag durchsickern zu lassen, sodass sich Freude ausdehnt – in dir und um dich herum – und alles in Freude pulsiert.

Wir sind Kuthumi. Wir segnen dein Herz und lösen sanft unsere Hände von diesem Bereich. Wir segnen die Gesamtheit, die du bist, mit dem gelbgoldenen und goldenen Strahl.

Freude segnet dich. Sei gesegnet.

Freude Freude Freude Freude
Freude Freude Freude

Freude erhöht deine Schwingung

Wir sind Kuthumi. Wir grüßen dich, geliebtes Menschenkind. Wir segnen dich im Namen des gelb-goldenen und goldenen Strahls.

Wir erinnern dich daran, dass Freude deine Schwingung erhöht. Das macht dich stark und durch-haltefähig und stabilisiert und harmonisiert dein ganzes System.

Freude baut eine Aura um dich auf, die dich mit all den Energien, Strahlungen und Frequenzen, die um dich sind, leichter umgehen lässt, sodass sie in deinen Körperfeldern keine Irritationen auslösen können.

Wisse, dass sich derzeit viele Disharmonien in den Menschen zeigen, weil sich die Körper erneuern und wandeln möchten. Zum Teil wirken die Glaubenssätze der alten Zeit, der alten Matrix, noch nach und treffen auf die unterschiedlichsten Einflüsse dieser Tage, die auf die Menschen einwirken, wie beispielsweise das 5G-Netz, Baustellenlärm, Luftbelastungen und andere Umwelteinflüsse. Durch diese Kombination werden Affinitäten, die in den verschiedensten Ebenen gespeichert sind, aktiviert und spiegeln sich im Wohlbefinden bzw. Unwohlbefinden wider.

Deshalb ist es so wichtig, sich von den überholten und zum Teil zellulären Speicherungen zu verabschieden. Die Freude unterstützt das, weil sie eben die Zellschwingung erhöht. Dadurch vibriert die Zelle sozusagen schneller. Dabei lösen sich jene Energien auf, die langsamer pulsieren, oder sie werden einfach aus der Zelle geschubst, was Auswirkung auf das ganze System und auf alle Ebenen hat, denn sie ist sozusagen der Kern von allem und bündelt die gesamten Informationen. Diese Aufladung und Energetisierung der Zelle wird als Zellschwingungserhöhung bzw. als Aufstieg bezeichnet. Der gelbgoldene und der golden Strahl unterstützen dieses über die Freude, die sie repräsentieren und verströmen.

Deshalb bitten wir dich, dass du dich mit Freude umgibst und Freude entstehen lässt und teilst, so oft wie möglich. Das ist der Grund, weshalb uns dieses „Kleine Buch der Freude" ein großes Anliegen ist. Wir möchten, dass es in die Welt hineinleuchten darf, um viele Impulse der Freude zu vermitteln und zu schenken.

Nun atme tief ein und aus. Lass das gelbgoldene und das goldene Licht fließen. Erlaube dir, dass sich darüber Freude in dir ausdehnt. Erlebe erneut, wie jede einzelne deiner Zellen mit Freude gefüllt wird. Wie sie licht und leicht wird und in Freude pulsiert und einfach Freude ist.

Atme tief ein und aus. Erlaube, dass sich die Freude ausdehnt, dass sie überfließt und alle deine Ebenen und alles, was zu dir gehört, durchströmt. So beginnt dein ganzes Sein in Freude zu schwingen und zu sein. Du wirst und bist eine Manifestation der Freude – durch und durch. Wenn du in dieser Freude bist, bist du eine Sonne, die die Welt erleuchtet und erhellt. Deshalb lass über die Freude deine Zellschwingung sich erhöhen und erhöht sein. Jetzt!, und wann immer du möchtest.

Wir danken dir. Wir segnen dich. Wir segnen die Freude in deinen Zellen, die Freude in der Gesamtheit, die du bist. Wir sind Kuthumi.

Freude segnet dich. Sei gesegnet.

Freude Freude Freude Freude
Freude Freude Freude

Wage ein Tänzchen

Tanzen ist auch eine Bewegung, die uns unterstützt, uns wohlzufühlen, und hilft mit, unsere Emotionen, wie beispielsweise Ärger, Angst oder Traurigkeit und Schwere, zu wandeln. Wir können es jederzeit tun: Lieblingsmusik an, und los geht's!

Allerdings sind wir manchmal vielleicht unterwegs, unser überfüllter Zug hat ein technisches Problem und steht, oder wir sind in einer langweiligen Schulung, die wir über uns ergehen lassen, oder schon so müde vom Tag, dass wir uns nicht mehr von der Couch erheben können, oder die ganze Familie sitzt mit uns zu Hause, sodass wir im Moment keinen Raum für uns haben.

Es gibt Situationen, in denen wir nicht einfach aufstehen können oder wollen, um tanzend loszulegen. Vielleicht fehlt uns auch die Energie oder die Lust dazu. Doch innerlich können wir tanzen.

Deshalb lädt dich Meister Kuthumi jetzt in einen gelbgoldenen und goldenen Tanzsaal ein.

☆☆

Atme tief ein und aus, um dir deinen Tanzsaal (mit offenen oder mit geschlossenen Augen) vorzustellen, genau so, wie er dir gefällt. Dann nimm die

Musik wahr, die zu dir passt und dir gefällt. Beginne dich in deinem Tanzsaal zu bewegen, beginne zu tanzen. Wenn du einen Partner dazu benötigen solltest, bietet sich Meister Kuthumi an und reicht dir die Hand. Er tanzt mit dir Walzer, Tango, Cha-Cha-Cha, Rock´n´Roll, Foxtrott, oder was du möchtest oder du schon immer einmal ausprobieren wolltest.

Falls du lieber alleine tanzen möchtest, kannst du das ebenso gerne tun. Dann hält sich Meister Kuthumi dezent im Hintergrund. Wenn du eine Tanzparty feiern möchtest, lädt er erneut einige Naturwesen mit ein, und ab geht die Post. So kannst du immer und überall ein Tänzchen wagen und dir erlauben zu spüren, wie es dich befreit, beschwingt, vitalisiert, belebt und leicht macht. Denn es bringt erstarrte Energien in den Fluss und lässt Lebensfreude sprießen. Wenn du dich mit dem Tanzen ausgetobt hast, kannst du dir sogar einen Applaus abholen, wenn du möchtest. Meister Kuthumi und die möglicherweise anwesenden Naturwesen bejubeln dich und sind von dir begeistert.

Dann leert sich der Tanzsaal wieder. Meister Kuthumi bringt dich zurück in den äußeren Raum, in dem du gerade bist. Spüre der Belebung und der Freude nach, die du gestärkt und gefördert hast, und genieße sie.

Meister Kuthumi verabschiedet sich und segnet dich. Freude segnet dich. Sei gesegnet.

Vielleicht möchtest du das gleich ausprobieren. Kreiere dein gelbgoldenes und goldenes Tanzparkett und tanze!

Freude segnet dich. Sei gesegnet.

Freude Freude Freude Freude
Freude Freude Freude

Der Vagusnerv

Der Vagusnerv oder *nervus vagus* ist unser sogenannter Entspannungs- und Selbstheilungsnerv. Er zieht sich durch den Körper und berührt und beeinflusst als zehnter Hirnnerv das Wohlfühlen und Arbeiten unserer Organe. Er gehört zu unserem Parasympathikus, der Teil unseres vegetativen Nervensystems ist.

Unser Körper hört immer mit, wenn wir etwas sagen, denken oder fühlen. Unsere Zellen, einschließlich unsere DNS, reagieren darauf. So ist es auch mit unserem Vagusnerv. Das können wir uns leicht zunutze machen, um ein Wohlgefühl in uns zu fördern.

Wenn unser Entspannungsnerv zu sehr oder zu lange unter Stress steht, können Symptome auftreten, wie beispielsweise chronische Erschöpfung und Energiemangel, muskuläre Verspannungen, Schmerzen im Nacken und in den Schultern, Kopfschmerzen, Zähneknirschen, Durchblutungsstörungen in den Händen und Füßen, Schwindelgefühle, Schlaflosigkeit, emotionale Instabilitäten, Ängstlichkeit, Vergesslichkeit, Herzrhythmusstörungen, Bluthochdruck, Verdauungsstörungen, Übersäuerung, Anfälligkeit für Infektionen, und vieles andere mehr.

Aus diesem Grund ist das Einbeziehen des Vagusnervs bei vielen Ungleichgewichten und Disharmonien — auch therapiebegleitend — empfehlenswert

93

und hilfreich. Und deshalb darf er in diesem Büchlein nicht fehlen.

Aufgrund der folgenden Skizze bekommst du einen Impuls, um dir deinen Selbstheilungsnerv leichter vorstellen zu können, falls er dir noch nicht besonders vertraut sein sollte.

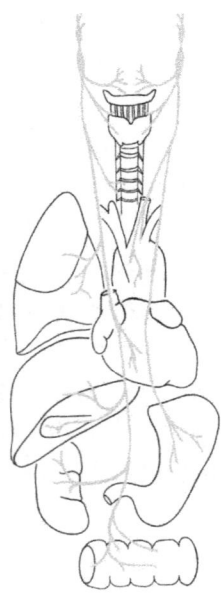

Grundsätzlich ist es ausreichend, dich über deine mentale Ausrichtung auf den Vagusnerv einzustimmen, wodurch er sich angesprochen fühlt und dir antworten wird, selbst wenn du keine Vorstellung von seinem konkreten Verlauf im Körper haben solltest. So ist es einfach, uns auf ihn einzulassen und ihm und uns insgesamt Gutes zu tun, wie mit der nächsten kleinen Meditation angeregt.

Freude segnet dich. Sei gesegnet.

Freude Freude Freude Freude
Freude Freude Freude

Hallo, Herr oder Frau Vagus

Atme tief ein und aus. Komme mit deiner Aufmerksamkeit nach innen. Vielleicht möchtest du dazu deine Augen schließen.

Nimm wahr, dass dich das gelbgoldene und goldene Licht berührt, durchströmt und einhüllt. Fühle Meister Kuthumis Gegenwart, der ein Füllhorn der Freude über dir und für dich entleert.

Lege deine Hände auf deinen Solarplexus. Gehe darüber, durch einen zielgerichteten Gedanken, in den Kontakt mit deinem Vagusnerv. Fühle, wie er sich durch deinen Körper erstreckt und in der Verbindung mit deinen Organen steht, über die er mit deinem Gefühlskörper und deinem Gedankenfeld kommuniziert.

Lass dir ein wenig Zeit, um zu spüren, wie es deinem Vagusnerv geht. Wie kannst du ihn wahrnehmen? Wie fühlt sich dein Vagusnerv an? Wenn du möchtest, personifiziere ihn. Wie ist das heutige Befinden von Herrn oder Frau Vagus? Gibt es vielleicht etwas, das ihm oder ihr das Leben derzeit oder schon seit längerem schwer macht? Möglicherweise trägt er oder sie einen Wunsch nach einer Veränderung deines Alltags oder Lebensrhythmus' in sich?

Auf jeden Fall bitten wir dich, deinen Vagusnerv intuitiv durch deinen Körper zu begleiten, sodass er dir Informationen zu Befindlichkeiten deiner Organe oder anderer Körperregionen mitteilen kann. Dabei lass dich ganz von ihm führen und höre ihm zu, was er dir vermitteln möchte. Was benötigt er möglicherweise, um entspannt sein und seine wunderbaren Selbstheilungs- und Selbstregulierungskräfte für die Gesamtheit, die du bist, zur Verfügung stellen zu können?

Nun legt Meister Kuthumi seine Hände ebenfalls mit auf deinen Solarplexus. Er lässt seine Energie der Freude einfließen und beginnt, deinen Vagusnerv damit zu durchströmen. Die Freude ist, im positiven Sinne, ansteckend, sodass sich dein Entspannungsnerv auch zu freuen anfängt, was du auf deine Art und Weise wahrnehmen kannst.

Atme tief ein und aus. Spüre, wie sich über ein Wohlfühlen deines Vagusnervs ein Loslassen von Anspannungen, Stress und Belastungen in deinem ganzen Körper ausdehnt, sodass sich mehr und mehr Gelassenheit, Ruhe und vielleicht auch Frieden in deinen physischen, emotionalen und mentalen Ebenen ausbreiten. Genieße es, so gut es dir im Moment möglich ist.

Dein Hormonsystem reagiert auf diese heilsame Veränderung in deinem System und passt sich dem an. Wohlfühl- und Glückshormone erfüllen dein Sein und die Gesamtheit, die du bist, was du für dich ganz deutlich fühlen kannst. Vielleicht kannst du erleben, wie kuschelig es in dir und mit dir wird?

Herr oder Frau Vagus lächelt. Dieses angenehme Empfinden, das er bzw. sie gerade erfahren kann, ist genau nach seinem/ihrem Geschmack. Herr oder Frau Vagus fühlt sich pudelwohl.

Falls dein Entspannungsnerv dir noch irgendetwas mitteilen möchte, für das weitere gemeinsame Wohlgefühl und genussvolle Miteinander, dann tut er dieses jetzt.

Das gelbgoldene und das goldene Licht streichelt die Zellen deiner Nervenbahnen, ölt sie, ummantelt sie, verwöhnt sie und lässt sie geschmeidig sein. Dein gesamtes Nervensystem darf in Stabilität, Harmonie, Entspannung und Freude pulsieren.

Lobe und danke deinem Vagusnerv für alles, was er tut und was er ist. Spüre noch einmal bewusst, wie sich über ihn ein Wohlgefühl in der Gesamtheit, die du bist, ausbreitet und ankert.

Dann ist es für den Moment Zeit, dich von ihm zu verabschieden. Deine Aufmerksamkeit löst sich von Herrn oder Frau Vagus, genauso wie deine Hände sich von deinem Solarplexus lösen. Du kommst wieder ganz in deinem Körper, in deinem Raum und in deiner Zeit an.

Meister Kuthumi zieht sich ebenso zurück. Er segnet deinen Vagusnerv im Namen des gelbgoldenen und goldenen Strahls. Auf diese Art und Weise kannst du dich selbst verwöhnen, wann immer du möchtest.

Freude segnet dich. Jetzt! Sei gesegnet.

**Freude Freude Freude Freude
Freude Freude Freude**

Trauer & Co

Manchmal gibt es Situationen oder Phasen in unserem Leben, in denen wir uns so schwer und traurig fühlen können, dass wir im wahrsten Sinne des Wortes zu müde zum Leben sind. In solchen Momenten ist es gut, uns jegliche Hilfe zu holen und uns zuzugestehen, sie annehmen zu dürfen, was auch immer uns einfällt, stimmig und möglich ist. Hier braucht es äußere Unterstützung, denn wenn wir in solch tiefen Talsohlen sitzen, empfinden wir uns manchmal so kraftlos, dass jede kleinste Bewegung unendlich anstrengend zu sein scheint.

Freude zu fühlen kann wahrgenommen werden, als wäre sie Universen von uns entfernt. Gut gemeinte Ratschläge, wie etwa: „Denk doch mal positiv!", um uns zu motivieren und die Energien wieder in die entsprechende Richtung zu lenken, sind in diesen Erlebniswelten nicht nur lieblos, sondern können auch oft für die betroffenen Menschen nicht umsetzbar sein. Denn selbst einen Gedanken zu erfassen oder gar zu halten, kann in diesen Lebensphasen sehr mühsam sein, und ein positiver Gedanke will und will uns vielleicht einfach nicht gelingen.

Obwohl es natürlich sehr unterstützend wäre, uns mit gut gelaunten, freudvollen und lachenden Menschen zu umgeben, um unser Energieniveau zu heben und frischen Auftrieb und Schwung zu bekommen, halten wir sie in solchen Momenten selten aus – und sie uns auch nicht.

Durch den Schwingungsunterschied in einer solchen Situation zwischen den beiden Seiten entsteht ein Reibungsfeld bzw. ein Spannungsfeld, was für beide beschwerlich sein kann.

Es geht nicht darum, auf diesem Talboden sitzenzubleiben und auf ein Wunder zu warten, das von außen auf uns zukommt und alles anders, leichter, freier und freudvoller macht. Es benötigt unsere eigene Bereitschaft, uns wieder in Bewegung zu bringen, was mitunter harte Arbeit ist, um Schritt für Schritt wieder nach oben zu kraxeln, ähnlich wie das Erklimmen eines hohen oder steilen Berges. Doch es lohnt sich.

Um das zu bewerkstelligen, können wir in diesen besonders dichten, traurigen, schweren und lähmenden Situationen möglicherweise zumindest Folgendes tun:

Es ist hilfreich, uns zuzugestehen, dass wir uns derzeit so fühlen, wie wir es empfinden, nämlich, dass es im Moment nichts Leichtes, Freudvolles, Motivierendes oder Lebendiges für uns gibt. Wir können diesen schweren und tieftraurigen Teil in uns annehmen, ihn würdigen, wertschätzen und durch unsere Aufmerksamkeit und Achtsamkeit sanft berühren, streicheln und liebkosen.

Dabei hilft es uns, wenn wir uns bewusst machen, dass es Freude gibt. Dass Menschen mit uns und in unserem Umfeld sind, die Freude spüren und diese Freude auch spüren dürfen und sollen.

Selbst wenn wir uns nicht vorstellen können, dass diese emotionale Tieflage sich für uns jemals noch einmal ändern könnte, wir wieder lachen und Freude empfinden werden und derzeit freudvolle Menschen nur deshalb meiden, damit wir uns zurückziehen können.

Parallel zu unserem Erleben ist es dabei wichtig wahrzunehmen, dass es Mitmenschen gibt, die sich freuen. Das hilft uns, um ein klein wenig weit zu bleiben, geöffnet und empfänglich für andere Erlebniswelten, Wirklichkeiten und eben auch für Freude, und dass es, neben dem, was wir empfinden, noch weitere Erfahrungsmöglichkeiten gibt, selbst wenn sie für uns im Augenblick weit weg zu sein scheinen.

Vielleicht können wir regelmäßig eine gelbe oder goldene Kerze entzünden, als ein Licht der Freude, das uns erinnert, uns lockt und den Weg weisen möchte? Wir können diese Flamme der Freude beobachten und den Kerzenschein in uns einatmen, damit er die Freude in uns wieder anstupst, damit sie erneut leuchten und wieder wachsen kann.

Diese Freudenkerze brennt für uns und die Neuentdeckung der Freude.

Falls diese Kerzenflamme, aus welchem Grund auch immer, erlöschen sollte, würde das kein Zeichen dafür sein, dass es für uns keine Freude mehr geben wird, sondern einfach nur die Einladung, sie noch einmal neu zu entzünden!

Menschen, die sich traurig und schwer fühlen, erleben sich gerne als schwach und kraftlos. Dabei sind sie so kraftvolle Wesen, denn es braucht viel Energie, um überhaupt in einer tiefen Talsohle landen zu können. Deshalb können wir uns in diesen Situationen bewusst machen, dass wir, auch wenn wir im Moment den Zugang dazu nicht spüren, sehr kraftvolle und starke Menschenwesen sind.

Diese Ausrichtung unterstützt uns ebenfalls, wenn wir anderen begegnen, die sich in dieser Traurigkeit befinden, damit wir nicht mit ihnen mit*leiden*. Das sollten wir ohnehin nicht tun, weil es unser Gegenüber schwächt, sein Leid und seinen Schmerz vergrößert. Und dasselbe gilt auch für uns selbst. Es würde auch uns nur Energie rauben und uns klein machen.

Niemand ist ein Opfer seiner Geschichte und Erfahrungen, außer er macht sich selbst dazu. Wenn wir uns daran immer wieder erinnern, können wir mit uns und allen anderen in Liebe und Mitgefühl zusammenfinden.

Ebenfalls hilfreich ist es, wenn wir uns in diesen erschöpften und energielosen Momenten unserem Basis-, Sakral- und Solarplexus-Zentrum zuwenden, indem wir darüber streichen, gelbgoldene und goldene Energie einfließen lassen, sie nähren und mit allem verwöhnen, was uns in diesem Kontext einfällt.

Wenn wir traurig sind, lassen wir häufig unsere Schultern und den Kopf nach unten hängen und den Blick auf den Boden fallen. Deshalb ist es unterstützend, wenn wir darauf achten, beim Gehen, Stehen und Sitzen den Kopf so zu heben, dass wir nach vorne schauen können, sich die Schultern etwas straffen, unsere Schulterblätter sanft nach hinten ziehen, sodass sich das Brustbein behutsam strecken kann.

Sanft aktivierend und belebend ist auch, wenn wir, erneut beim Gehen oder Stehen, die Arme mehr oder weniger fest mitschwingen lassen. Falls wir stehen sollten, können wir dabei, wenn wir möchten und es sich für uns gut anfühlt, immer wieder leicht die Knie beugen. Der Atem darf fließen, wie er möchte, und kann bzw. beginnt sich vielleicht von selbst dem Bewegungsrhythmus anzupassen.

Doch allein schon die Arme zu heben, in den Himmel zu strecken und den Kopf und den Blick auf die Sonne, den Mond oder die Sterne zu lenken, die vor uns und leicht über uns leuchten, tut uns gut und lässt neue Energien fließen. Alle diese Körperhaltungen haben einen positiven Einfluss auf die Ausschüttung von Wohlfühlhormonen.

Falls ein tieftrauriger Mensch in unserem Umfeld wäre, ist es wichtig, uns dennoch zu erlauben, Freude zu spüren und freudvoll zu sein. Er darf sein und empfinden, wie er ist, und wir auch.

Vielleicht braucht es dazu zwischendurch ein wenig inneren und äußeren Abstand – und auch dieser darf sein.

Unsere Freude, die Freude, die wir empfinden, ist Medizin, ist heilsam – für uns selbst, aber auch, indem sie in die Morphogenetik ausstrahlt und von dort wie ein gelbgoldener und goldener Segen auf alles fällt, was auf, in und um die Erde atmet und lebt. So berührt die Energie der Freude ebenfalls den Menschen, der möglicherweise neben und mit uns ist.

Unsere Freude hilft, dass andere Lebewesen leichter ihre Freude wiederfinden und erleben können. Deshalb ist es für uns, gerade auch in diesen bewegten und zum Teil flexibilitätsfördernden Zeiten, so wichtig, Verantwortung für die eigene Freude zu übernehmen und in Freude zu leben und zu sein – immer wieder und wieder! Meister Kuthumi und der gelbgoldene und goldene Strahl stehen uns dabei zur Seite, wenn wir es zulassen.

Freude segnet dich. Sei gesegnet.

Freude Freude Freude Freude
Freude Freude Freude

105

Einsamkeit ade

Wir sind Kuthumi. Wir grüßen dich, geliebtes Menschenkind. Wir segnen dich im Namen der gelbgoldenen und goldenen Strahlen, die dich berühren, durchströmen, wärmen, nähren und umhüllen.

Wir bitten dich, wann immer du dich alleine fühlst oder vielleicht auch einsam, dich in dein Herz zu begeben. Während du in deinem Herzen bleibst, gehe mit deiner Aufmerksamkeit zu deinen Füßen. Nimm darüber deine Verbindung und dein Verbundensein mit der Erde und allem, was in ihr lebt, wahr: mit den Steinen, Kristallen und Gesteinsschichten, mit den Flüssen und Meeren, mit den Vulkanen und Feuern, die sich unter der Erdoberfläche bewegen, mit den Mineralien- und Spurenelementen, den Metallen, den Bakterien, den Pilzen und anderen Mikroben und allem, was dir in diesem Zusammenhang noch in den Sinn kommt.

Nun richte dich auf dein Kronenzentrum aus. Spüre deine Verbindungen und dein Verbundensein mit dem Kosmos und den kosmischen Energien: mit den Kräften des Universums, mit den Sternen, den Sonnen, den Galaxien, den Sternennebeln, den Monden, den Raumstationen und den Menschen, die dort leben und arbeiten, und mit allem, was dir dazu noch einfällt und dich berührt.

Dann komm wieder zu deinem Herzen zurück. Über dein Herzzentrum kannst du deine Verbindung und dein Verbundensein mit den Menschen fühlen, die dir nahe waren oder sind, unabhängig davon, wie dein momentaner Kontakt zu ihnen ist oder ob sie noch in einem physischen Körper hier mit dir auf der Erde weilen, oder nicht. Nimm dieses energetische Band wahr, das euch, im positiven Sinn, verbindet.

Jetzt spüre, dass du ebenso mit den Menschen, die mit dir in deinem Haus, in deiner Straße, in deinem Dorf, in deiner Stadt, in deinem Land leben, vernetzt bist. Du bist mit allen Menschenkindern dieser Erde verbunden. Daran anschließend fühle deine Verbundenheit und dein Verbundensein zu allen Tieren und zu allen Pflanzen, die es auf der Erde gibt und die hier leben.

Nimm auf deine eigene Weise wahr, dass du Teil eines großen Netzes der Verbindung und der Verbundenheit bist. Jetzt und immer.

Atme tief ein und aus. Dieses Verbundenheitsnetz vibriert, ist voller Energie und sehr lebendig.

Über dieses Netz ist ein reger Austausch. Zu dir fließt darüber das, was du benötigst, wie beispielsweise Wärme, Anerkennung, Liebe und Geborgenheit. Genauso speist du in dieses Netzwerk das ein, was andere Wesen benötigen.

Wir bitten dich, bewusst zu atmen. Genieße dieses Eingebettet-Sein solange und sooft du möchtest, um dein Gefühl der Verbundenheit und des Verbundenseins darüber zu vertiefen. Vater-Mutter-Gott hat über allem seine Hände und trägt dieses ganze Netz in sich.

Dieses wunderbare Geflecht und Netzgewebe ist immer da, und es bleibt immer da. Du bist nicht alleine und kannst gar nicht alleine sein. Somit darf sich jedes Gefühl von Einsamkeit auflösen.

Wenn du dir dieses Netzes gewahr bist, bekommst du darüber Impulse, wie zum Beispiel, wen du wieder einmal anrufen, wem du einen Brief schreiben, wen du einladen, mit wem du ins Gespräch kommen oder zu welcher Gruppenaktivität du dich melden könntest, um diesem Spüren der Verbundenheit auch äußere Schritte hinzuzufügen.

Wir sind Kuthumi. Wir danken dir. Wann immer du dich einsam fühlst, sind wir neben dir, sitzen an deiner Seite und berühren dein Herz.

Wir lassen das gelbgoldene und das goldene Licht fließen, um dich, über das Wahrnehmen dieses allumfassenden Netzes der Verbindung, Verbundenheit und des Verbundenseins, All-Ein-Sein erfahren zu lassen. Jetzt und immer.

Freude segnet dich. Im Namen des gelbgoldenen und goldenen Strahls sei gesegnet.

Freude segnet dich. Sei gesegnet.

**Freude Freude Freude Freude
Freude Freude Freude**

Finde deinen Buddha in dir

Wir sind Kuthumi. Wir grüßen dich, geliebtes Menschenkind. Wir segnen dich im Namen des gelbgoldenen und goldenen Strahls. Diese beiden Schwingungsqualitäten durchdrangen, erfüllten und förderten, und tun es nach wie vor, nicht nur die asiatischen Weisheitslehren, weshalb Konfuzius auch unseren Platz als Hüter des gelbgoldenen Schöpfer- und Schöpferinnenstrahls übernommen hat, sondern inspirierten und unterstützten die Entwicklung aller zeitlosen und universalen Wege, die es auf Gaia gab, gibt und noch geben wird.

Wir selbst wählten diese beiden Strahlen häufig als Inkarnationsstrahlen während unterschiedlichster Leben, die wir führten, und entfalteten so unsere Meisterschaft. Das heißt, dass wir darüber zum Meister zuerst des gelbgoldenen und später des goldenen Lichtes wurden. Wir hatten es durch diese unzähligen Leben verinnerlicht und wurden zu Verkörperungen dieser Schwingungsqualitäten. In diesem Kontext führten wir einige Leben als tibetische und buddhistische Mönche. Dabei begegneten wir dem lachenden Buddha.

Er ist ebenso eine Manifestation der Freude und spiegelt das Wesen des gelbgoldenen und des goldenen Strahls wider. Wenn du ihn dir vorstellst, ein Bild oder eine Figur von ihm betrachtest, überträgt sich seine Energie der Freude auf dich und lädt dich ein, mit ihm zu lachen. Er verbreitet Fröhlichkeit und Leichtigkeit, Segen und Reichtum.

Da er eng mit der Qualität der Freude verbunden ist, könnten wir sagen, dass du, wenn du sie in dir spüren kannst, einen lachenden Buddha in dir trägst und fühlst.

Deshalb möchten wir dich nun einladen, ihn in dir zu finden und zu entdecken.

Atme tief ein und aus. Lege deine Hände auf deinen Bauch und komme damit in den Kontakt. So lenkst du deine Aufmerksamkeit zu dir, um bei dir und in dir zu sein. Nimm wahr, dass dich unser gelbgoldenes und goldenes Licht durchströmt. Fühle die Freude, die dabei in dir entsteht und sich in dir ausdehnt.

Jetzt mache dich auf den Weg. Reise durch deinen Körper, der von Freude erfüllt ist, und entdecke für dich, wo der lachende Buddha in dir ist. In welcher Körperregion kannst du ihn finden?

Wenn er sich dir gezeigt hat, bleibe in der Begegnung mit ihm. Tauche ein in sein Wesen. Kommuniziere mit ihm. Was kann er dich lehren?

Während du mit ihm bist, wächst er. Dein lachender Buddha wird so groß wie dein ganzer Körperraum, sodass du darüberhinaus mit deiner Gesamtheit, *die du bist, zu einem lachenden Buddha wirst. Kannst du es fühlen und hören, wie er lacht? Spürst du seine Leichtigkeit? Es sind dein Lachen und deine Leichtigkeit. Du lachst und bist leicht.*

Atme tief ein und aus. Genieße es, dein lachender Buddha zu sein. Bleibe in dieser Energie. Streichle mit deinen Händen über deinen Bauch, um diese Freude in dir zu ankern und lebendig sein zu lassen. Dann spüre deinen ganzen Körper. Strecke dich durch. Sei weiterhin der lachende Buddha, der du bist, und setze das fort, was jetzt für dich zu tun und deine Aufgabe ist.

Werde, wann immer du möchtest, zum lachenden Buddha. Auf diese Weise kannst du jeder Erfahrung begegnen, die dir das Leben schenkt. Nimm wahr, wie sich dein Leben dadurch verändert und dich die Freude erfüllt und durchdringt und dein ganzes Leben reine und pure Freude ist. Freude aus der Freude heraus. Erkenne und begreife.

Wir danken dir. Wir segnen dich. Das gelbgoldene und goldene Licht ist nach wie vor mit dir. Jetzt und allezeit. Wir sind Kuthumi.

Freude segnet dich. Sei gesegnet.

Freude Freude Freude Freude
Freude Freude Freude

Das Mantra FREUDE

Jedes Wort trägt die Schöpfer- und Schöpferinnenkraft in sich, und somit die Manifestationskraft. Und wir können es als Mantra nutzen, was übersetzt ein Spruch, ein Lied, eine Hymne ist. Es entfaltet durch seine Wiederholung seine wahre Bedeutung und Energie und zieht das in unser Leben, was es anspricht, berührt und verkörpert.

Das Wort *Mantra* kann ein Instrument des Geistes und der Gedanken sein. Es hilft, uns auf etwas zu fokussieren, was wir verstärken und fördern möchten. Es gleicht einer Affirmation, die wir regelmäßig laut oder leise sprechen, um uns darauf auszurichten und es in unser Leben einzuladen, damit es sich hier umsetzt und sichtbar wird. Ein Mantra und eine Affirmation sind Brücken zwischen der feinstofflichen und grobstofflichen Welt, zwischen Himmel und Erde und Geist und Materie. Sie sind ein bisschen mit einer „Zauberformel" vergleichbar.

Wir können das Wort *Freude* häufig und sooft wir möchten wiederholen, um diese Schwingungsqualität vermehrt in unsere Körperfelder und in unser Leben zu bringen. Je mehr unser Herz daran beteiligt ist und wir es aus ihm heraus ausdrücken, umso kraftvoller kann es wirken. Doch selbst wenn dieses (noch) nicht möglich sein sollte und es eine sehr „kopflastige" Angelegenheit ist, hilft es.

Wenn wir *Freude* rezitieren, verstärkt sich unser Gefühl von Freude, und daraus erwächst das Sein von Freude. Beim Spazierengehen, Kochen, Bügeln, Staubsaugen, Autofahren, oder wenn wir auf etwas oder jemanden warten, können wir *Freude* wiederholen. Durch die Regelmäßigkeit ist es möglich, zu beobachten, was sich dadurch in uns und um uns – im positiven Sinne – verändert.

Um die Wirkung eines Wortes zu intensivieren, können wir, während wir es innerlich oder äußerlich aussprechen, unseren Thymus mit einer lockeren Faust sanft klopfen. Dadurch zirkuliert seine Schwingungsqualität noch mehr in unserem System und kommt leichter in den tieferen Schichten unseres Körpers bzw. unserer Körperfelder an. Doch allein schon das achtsame Pochen unserer Thymusdrüse hebt unsere Stimmung, belebt und aktiviert uns und hat viele wohltuende Wirkungen auf unseren Körper und unsere Seele. Abgesehen davon, dass es unser Immunsystem ausgleicht und harmonisiert, was immer wieder wichtig und unterstützend ist.

Jetzt, unabhängig davon, ob du deinen Thymus klopfen möchtest oder nicht, kannst du mit uns das Mantra *Freude* laut oder leise wiederholen und der Wirkung nachspüren. Ein Zyklus besteht daraus, das Mantra 3 x 9 mal zu sprechen. Wie viele Abläufe wir aufsagen möchten, können wir selbst wählen, wie es für uns im jeweiligen Moment möglich und stimmig ist, optimal wären 21 mal. Indem wir Zahlenmystik und numerologisches Wissen mit einfließen lassen, wird die Wirkung des Wortes noch „magischer".

Die 3 ist die Zahl der geheilten Dualität und dadurch des Schöpfer- und Schöpferinnenseins. Die 9 repräsentiert die Vollendung. In der Quersumme bilden 3 und 9 wieder die 3. Wenn wir sie multiplizieren, kommen wir über die 27 zurück zur 9. Die 21 ist eine Ziffer der Meisterschaft, des Gleichgewichts und des Neubeginns und ergibt in der Quersumme erneut die 3.

Jetzt atme tief ein und aus. Nimm wahr, dass das Wort Freude in den gelbgoldenen und goldenen Strahl eingebettet ist, sodass die Energie der Freude gelbgolden und golden pulsiert. Wenn du Freude wiederholst, bringst du automatisch gelbgoldenes und goldenes Licht in deinen Körper und in dein System und füllst dich damit auf. Das kannst du auf deine Art und Weise erleben, während du nun dieses Mantra sprichst:

Freude Freude Freude
Freude Freude Freude
Freude Freude Freude

Freude Freude Freude
Freude Freude Freude
Freude Freude Freude

Freude Freude Freude
Freude Freude Freude
Freude Freude Freude

Abschließend lege deine Hände auf dein Herz. Spüre, wie sich die Wirkung dieser Worte in dir entfaltet. Dann atme tief ein und aus. Lass deine Aufmerksamkeit wieder vermehrt nach außen kommen und setze mit dem fort, was du gerade tun möchtest oder im Moment deine Aufgabe ist.

Freude segnet dich. Sei gesegnet.

Freude Freude Freude Freude
Freude Freude Freude

Meister Kuthumi spricht über diese aufregende Zeit

Wir sind Kuthumi. Wir grüßen dich, geliebtes Menschenkind. Wir segnen dich im Namen des gelbgoldenen und goldenen Strahls.

Wir bitten dich, dich zu entspannen. Es gibt keinen Grund zur Sorge. Du darfst im Vertrauen und in Gelassenheit in die Zukunft blicken.

Wisse, dass du und die ganze Menschheit behütet seid. Ihr seid eingebettet in das Licht der großen Weißen Bruder- und Schwesternschaft. Deshalb wiederholen wir uns erneut, indem wir dich bitten, dich zu entspannen.

Diese momentanen Auf- und Umbrüche sind erforderlich, um wieder ein Gleichgewicht herzustellen, um wieder in die Mitte zu kommen. Die männlichen und die weiblichen Kräfte pendeln sich ein. Der unterschiedlich intensiv erlebte Lock-down führte in die Arme der Shekaina zurück, wo ein Umdenken stattfindet, indem sich Prioritäten und Wertigkeiten verschieben.

Es ist nach wie vor die Zeit, die vieles an die Oberfläche bringt, um es sichtbar zu machen. Denn so kann es verändert werden.

Nun ist es wichtig, dass die Impulse und die Vorhaben, die sich gezeigt haben, nicht in Vergessenheit geraten, sondern umgesetzt werden.

Wir bitten dich, dir bewusst zu werden, was du dir aufgrund der Erfahrungen der letzten Monate vorgenommen hattest, anders zu machen, und ob du das bereits umgesetzt hast? Wenn nicht, dann beginne jetzt damit!

Bleib in deiner Kraft, wozu es erforderlich ist, zuerst zu spüren, dass du ein kraftvolles Wesen bist.

Lass dich nicht verunsichern von dem, was du hörst oder liest. Du hast so viele Möglichkeiten, um Wirklichkeiten und Realitäten zu formen. Werde dir dessen gewahr und nutze deine diesbezüglichen Werkzeuge. Beginne damit. Jetzt!

Wir bitten dich, in der Freude zu bleiben oder sie wiederzufinden – immer wieder und wieder. Das ist der Schlüssel zur Neuen Zeit und der Schlüssel der Neuen Zeit. Gehe durch diese Tage wie ein Phönix, der aus der Asche neu geboren wird. Wir unterstützen dich dabei und sind an deiner Seite.

Wir erinnern dich daran, dass du als Seele, die du bist, an diesem Zeitenwandel mitbeteiligt sein wolltest. Nun erfülle deine Aufgabe und sei der Lichtträger, die Lichtträgerin, der und die du bist. Und sei in diesem Zusammenhang durchdrungen von der Energie der Freude und bringe und verströme Freude.

Jetzt!, und wann immer du kannst.

Wir danken dir dafür.

Wir sind Kuthumi. Das gelbgoldene und goldene Licht durchströmt dich.

Freude segnet dich. Sei gesegnet.

Freude Freude Freude Freude

Freude Freude Freude

Darm gut, alles gut

Unser Darm hilft mit, dass wir alle unsere Erfahrungen und Erlebnisse gut verdauen und integrieren können. Mittlerweile haben wir allerdings auch entdeckt, wie einzigartig unsere Darmflora sein kann und dass sie einen direkten Einfluss auf unsere Psyche hat. Gerade bei der Behandlung von depressiven Verstimmungen oder Depressionen wird das Wohlbefinden des Darms vermehrt miteinbezogen, weil er als ein Schlüssel zur Auflösung dieser Belastungen gesehen wird.

Unser emotionales Befinden hat wiederum große Auswirkungen auf die Entspanntheit und Gesundheit unseres Darms. Es gibt also eine rege Kommunikation zwischen unserem Emotionalfeld und unserem Darm.

Und Herr oder Frau Vagus hat natürlich bei unserer Darmbefindlichkeit ein riesengroßes Mitspracherecht. Doch wenn du möchtest, kannst du ihm auch so eine kleine Freude bereiten:

Atme tief ein und aus. Komme mit deiner Aufmerksamkeit zu deinem Körper. Lege deine Hände auf deinen Bauch. Spüre Meister Kuthumis Gegenwart.

Er berührt ebenso deinen Ober- und Unterbauch und lässt sein gelbgoldenes und goldenes Licht einfließen.

Erlaube deinem gesamten Verdauungssystem, sich zu entspannen. Nimm wahr, wie dein Atem mithilft, dass deine Bauchdecke ganz weich und geschmeidig werden kann.

Die gelbgoldene und goldene Energie wärmt und nährt deinen Darmbereich. Meister Kuthumi bringt mögliche Ängste, Traurigkeiten und andere emotionale Belastungen, die sich im Darm niedergelassen haben, zum Schmelzen, sodass sie sich auflösen und über deinen Atem deinen Körper und dein System verlassen.

Das Gelbgold und das Gold stärken deine Darmwände, und falls es Entzündungen geben sollte, werden sie behutsam beruhigt. Wenn die Darmwände zu durchlässig sind, werden sie abgedichtet, sodass sich ein gelbgoldener und goldener Film darüberlegt. Die gelbgoldene und goldene Energie fließt durch den gesamten Darmbereich und lässt bei Bedarf deine Darmbakterien und deine Darmflora wieder ins Gleichgewicht kommen. Viren, Pilze, Bakterien und Ähnliches mehr, die dir nicht zuträglich sind, werden sanft aus deinem Darm gespült, damit sie sich ein neues Zuhause suchen können.

Atme tief ein und aus. Erlaube, dass deine göttliche Ordnung in deiner Darmflora wieder Raum nimmt und ist. Jetzt!

Bleibe in dieser liebevollen Zwiesprache mit deinem Darm, solange er dieses benötigt. Während ihm Meister Kuthumi, der gelbgoldene und der goldene Strahl zur Verfügung stehen, übermittelt er dir vielleicht eine Botschaft, was er für sein Wohlbefinden noch benötigen würde. Vertraue in diesem Kontext deiner Wahrnehmung.

Dein Darm darf sich voller Lebensfreude und Leichtigkeit fühlen, was sich in der Gesamtheit, die du bist, widerspiegelt.

Abschließend segnet Meister Kuthumi deinen Darm und zieht sich mit dem gelbgoldenen und goldenen Licht wieder zurück.

Du kannst deinem Darm danken, ihn loben und mit deinen Händen noch ein wenig deinen Bauch massieren, bevor sie sich von ihm verabschieden. Spüre deinen ganzen Körper und komme mit deiner Aufmerksamkeit wieder nach außen.

Freude segnet dich. Sei gesegnet.

Freude Freude Freude Freude
Freude Freude Freude

„Und was ist mit mir?",
fragt die Leber

Die Leber ist ein großes und wichtiges Organ des Stoffwechsels und somit der Entgiftung. Das tut sie sowohl auf der physischen als auch auf der energetischen Ebene. Das heißt, sie hilft mit, Erfahrungen, die wir gespeichert haben und die uns nicht mehr guttun, loszulassen. Deshalb beeinflusst sie unser Wohlbefinden und auch die Wahrnehmung von Freude.

Wenn du möchtest, kannst du jetzt deiner Leber eine Freude machen, damit sie dir Freude bereitet.

Dazu komme mit deiner Aufmerksamkeit zu deinem Körper. Lege deine Hände auf deine Leber. Massiere sie sanft, um mit ihr Kontakt aufzunehmen und ihr für all das zu danken, was sie ständig für dich tut und leistet.

Spüre das gelbgoldene und goldene Licht, das dich berührt, durchströmt und einhüllt.

Meister Kuthumi ist an deiner Seite. Er stellt seine freudvolle Energie deiner Leber zur Verfügung, um sie darin zu unterstützen, ihre Aufgaben zu erfüllen. Er wird von vielen Naturwesen begleitet. Sie haben Kräuter und Blumen mitgebracht, die deine Leber stärken und entlasten, und schmücken sie nun damit. Deine Leber nimmt voller Begeisterung diese Kräuter- und Blumenschwingungen in sich auf. Nimm wahr, wie sie darüber leichter arbeiten kann und zu lächeln beginnt.

In diesen Kräuter- und Blumengeschenken der Naturwesen ist viel Grünkraft enthalten, die deine Leber so sehr liebt. Deshalb erfrischt und regeneriert sie sich nun. Deine Leber wird verwöhnt, und du kannst ihre Dankbarkeit und ihre Freude darüber spüren.

Fühle, dass es deiner Leber guttut und sie sich wohlfühlt, was sich auf die Gesamtheit, die du bist, überträgt.

Die Naturwesen freuen sich für deine und mit deiner Leber. Sie beginnen zu tanzen und zu klatschen.

Meister Kuhtumi segnet deine Leber und zieht sich mit seinen kleinen Freunden und Freudinnen aus der Anderswelt zurück. Beide kannst du jederzeit wieder einladen, wenn du deiner Leber etwas Gutes tun möchtest.

Atme tief ein und aus. Wünsche deiner Leber noch einen schönen Tag oder eine gute Nacht.

Deine Hände verabschieden sich von ihr. Deine Aufmerksamkeit kommt zu deinem ganzen Körper zurück, und du findest einen für dich passenden Ab-

schluss, um diesen kleinen Leberausflug abzurunden. Jetzt!

Freude segnet dich. Sei gesegnet.

**Freude Freude Freude Freude
Freude Freude Freude**

Dankbarkeit lässt Freude wachsen

Danken ist Segnen!

Deshalb tut es uns so gut. Gleichzeitig macht es uns bewusst, wie reich und beschenkt wir sind. Das fördert Zufriedenheit und inneren Frieden, und daraus entsteht Freude.

Wenn wir möchten, finden wir immer etwas, wofür wir dankbar sein können. Dabei ist es nicht wichtig, ob es Teile unseres Körpers sind, beispielsweise, dass unser Herz schlägt, oder ob es Begegnungen, Erlebnisse, Situationen, Gegenstände, Tiere oder Pflanzen sind, oder etwas Vergangenes, Zukünftiges oder Gegenwärtiges , denen und dem wir danken.

Falls du mehr Freude in deinem Leben verspüren möchtest, ist es empfehlenswert, dein Feld der Dankbarkeit zu erweitern. Erlaube dir, regelmäßig für das, was das Leben dir geschenkt hat, schenkt und noch schenken wird, zu danken. Vielleicht möchtest du gleich damit beginnen?

Wofür kannst du heute dankbar sein?
Wofür möchtest du danken?

126

Nimm wahr, was sich dadurch in deinem Wohlge-
fühl verändert und wie sich die Freude in dir ausdehnt.

Freude dankt dir = Freude segnet dich!

Sei gesegnet.

Freude Freude Freude Freude

Freude Freude Freude

Mache anderen eine Freude

Es ist hilfreich, das, was wir mehr in unserem Leben spüren möchten, selbst zu *sein*.

Wenn wir also vermehrt Freude in unserem Leben erfahren wollen, ist es unterstützend, anderen eine Freude zu machen und uns in der Freude und über die Freude zu verströmen.

Die Freude, die wir schenken, ist frei von Erwartungen und Vorstellungen. Wir möchten dafür nichts bekommen – auch nicht von dem Menschen, dem wir eine Freude bereitet haben. Die Freude, von der wir hier sprechen, ist genauso bedingungslos wie die Liebe unseres wahren Wesens. Es ist eine Freude um der Freude willen, ohne irgendwelche Ergänzungen, Zusätze und ohne Kleingedrucktes.

Die Freude, die wir anderen bringen, kann ein Lächeln sein, ein kleiner bemalter Kieselstein oder ein verziertes Schneckenhaus, ein angebotener Sitzplatz in der Straßenbahn, eine aufgehaltene Tür, ein Einkauf für eine Nachbarin/einen Nachbarn, ein paar freundliche Worte beim Vorübergehen und vieles andere mehr. Häufig ist sie kostenlos.

Eine liebe Freundin von mir legt mit ihren Kindern zu Weihnachten einen Tannenzweig und eine Kerze vor fremden Türen nieder und läutet. Im Anschluss daran verstecken sie sich, damit niemand die „Weihnachtswichtel" entdecken kann. Es macht ihr und ihrer Familie große Freude, die Freude der Menschen über dieses kleine, unerwartete Geschenk zu sehen.

Also, wenn du mehr Freude in deinem Leben willkommen heißen möchtest, mache anderen Menschen oder auch Tieren eine Freude.

Vielleicht möchtest du gleich damit beginnen?

Wem könntest du jetzt eine Freude bereiten?

Freude segnet dich. Sei gesegnet.

Freude Freude Freude Freude
Freude Freude Freude

Dein täglicher Strauß Freude

Wir sind Kuthumi. Wir grüßen dich, geliebtes Menschenkind. Wir segnen dich im Namen des gelbgoldenen und goldenen Strahls, die dich berühren, erfreuen und einhüllen. Da wir dich einladen möchten, dich täglich der Freude zuzuwenden und dich darauf auszurichten, damit sie ein lebendiger Teil deines Alltags werden kann, bitten wir dich um Folgendes:

Wenn du morgens erwachst und zu deinem Frühstückstisch kommst, atme tief ein und aus, um dir in deiner Vorstellung einen großen Blumenstrauß der Freude darauf zu platzieren. Nimm wahr, wie er duftet und den ganzen Raum und darüber hinaus alle Zimmer deiner Lebensräume mit Freude erfüllt. Die Schönheit und erneut der Duft deiner Freudenblüten durchwirken deinen Tag und alles, was dir begegnen wird. Abschließend spüre, wie dich die Freude-Energie dieses Blumenstraußes berührt und in dir Leichtigkeit und Beschwingtheit entstehen. So bist du für deinen Tag bereit!

Während der weiteren Stunden halte immer wieder inne, um für einen Atemzug deine Augen zu schließen und an deinen morgendlichen Strauß Freude zu denken. Nimm eine Blume heraus, rieche an ihr und fülle dich erneut mit der Energie der Freude. Werde dir bewusst, was dir im Moment Freude bereiten wür-

de, oder wie du dir eine Freude machen könntest. Setze diese Idee um. Dabei löst sich deine Blume der Freude auf. Es macht nichts, wenn dein Blumenstrauß der Freude dadurch im Laufe des Tages kleiner wird. Denn am nächsten Morgen gibt es einen neuen großen und wunderbaren Strauß der Freude.

Wir bitten dich, darauf zu achten, dass deine Tage von Freude durchzogen sind, unabhängig von äußeren Einflüssen, Erlebnissen und Situationen. Denn die Freude ist ein wunderbares Polster, um allem so begegnen zu können, dass du dabei sanft in deiner Mitte und in dir ruhend bleiben kannst.

Deshalb hege und pflege das Wachsen, Entwickeln und Gedeihen deiner Freude täglich. Dein Blumenstrauß der Freude unterstützt dich dabei.

Wenn du möchtest, beginne gleich damit und stelle dir einen solchen Strauß in den Raum, in dem du jetzt gerade bist.

Wir danken dir. Wir sind Kuthumi. Wir segnen dich im Namen der Freude und des gelbgoldenen und goldenen Strahls.

Freude segnet dich. Sei gesegnet.

Freude Freude Freude Freude
Freude Freude Freude

Freude stärkt unser Immunsystem

Wir haben schon erwähnt, dass Freude einen heilsamen, harmonisierenden und unterstützenden Einfluss auf unser Immunsystem hat. Doch wir möchten es an dieser Stelle erneut hervorheben, weil es gerade auch in diesen „Krönchen-Zeiten" unerlässlich ist, auf unser Immunsystem zu achten.

Dabei geht es uns um das Verständnis, was das Immunsystem für die Neue Zeit bedeutet, in der wir uns bereits befinden und die als *Fünfte Dimension* bezeichnet wird. Hier ist es nicht mehr ein Abwehrsystem unseres Körpers, das mobil macht gegen Eindringlinge, die uns nicht zuträglich sind, um sie zu eliminieren, sondern es ist ein System der Ausbalancierung und Harmonisierung, das uns immer wieder ins Gleichgewicht bringt, unabhängig davon, welche Einflüsse um uns oder auch in uns gerade wirksam sind. Es hilft uns, unabhängig zu sein. Es führt uns in die Freiheit.

Die Geistige Welt sprach davon, dass wir uns durch den Beginn der 20iger Jahre, also ab dem Jahr 2020, von einem Ich-Zyklus in einen Du- bzw. Wir-Kreislauf begeben haben. Dieser dauert bis 2032. Die Themen, die uns in diesen Jahren beschäftigen werden, zeigen, dass wir vernetzt und eine Menschheit sind; dass die durch von uns geschaffenen Ländergrenzen nicht aufzuhalten sind, sondern *uns alle* betreffen, genauso wie die Lösungen dafür ebenfalls auf globaler und kollektiver Ebene zu finden sein werden.

Mit *uns alle* sind alle Menschen gemeint, unabhängig von ihrem Bildungsstand, ihrer Hautfarbe, ihrer Religionszugehörigkeit, ihrer Nationalität, ihres Kontostands, ihrer physischen Konstitution usw.

Unser „Krönchen-Freund" hat den Auftakt dazu gestartet. Eine seiner Aufgaben war und ist es, uns aus dieser Ich-Komfortzone herauszulocken und uns zu zeigen, dass wir ein großes DU bzw. WIR sind. Er wird sicher nicht der letzte Impulsgeber gewesen sein, der uns unterstützt, dieses zu lernen.

Zusätzlich erwähnten unsere feinstofflichen Geschwister, dass wir in einen neuen Meister-Meisterinnen-Zyklus eingetreten sind. Den letzten haben wir 2012 vollendet. Bis 2019 hatten wir sogenannte Integrations- und Erholungsjahre (auch wenn sich diese Zeit für viele von uns nicht unbedingt nach Urlaub angefühlt hat).

Mit 2020 haben wir eine neue Entwicklungsspirale begonnen, die bis 2032 andauern wird. Dabei werden wir als Einzelpersonen und als Kollektiv gefördert und sind gefordert, dieses Du- bzw. Wir-Bewusstsein zu entwickeln und darüber tiefer in den neuen Schwingungsraum der Fünften Dimension, in dem wir schon sind, hineinzuwachsen und uns dort zu verwurzeln.

Ein stabiles Immunsystem ist uns behilflich, den damit verbundenen Übungsfeldern leichter begegnen zu können, womit wir wieder bei der Freude sind. Deshalb greifen wir einen früheren Impuls noch einmal auf, um dich einzuladen, ihn gleich umzusetzen:

Atme tief ein und aus. Spüre das gelbgoldene und goldene Licht, das dich berührt, durch dich fließt und um dich ist.

*Nimm Meister Kuthumi an deiner Seite wahr. Komm mit deiner Aufmerksamkeit zu deinem Thymus und beginne, ihn sanft mit einer leichten Faust zu klopfen, während du diese gelbgoldene und goldene Energie dabei tiefer in deine Zellen und Ebenen hineinströmen lässt. Wiederhole dabei, laut oder leise, das Wort **Freude**.*

Wenn du spürst, dass die Gesamtheit, die du bist, voller Freude und in Freude pulsiert und vibriert, streichelt deine Hand über deinen Thymus, um sich davon zu verabschieden.

Meister Kuthumi segnet dich mit seinem gelbgoldenen und goldenen Licht und zieht sich wieder zurück.

Atme tief ein und aus und nimm wahr, wie die Freude in dir nachschwingt. Vielleicht bringt sie dich zum Lächeln?

134

Komme mit deiner Aufmerksamkeit wieder ins Hier und Jetzt und setze mit dem fort, was du jetzt weiter tun möchtest oder sollst.

Freude segnet dich. Sei gesegnet.

Freude Freude Freude Freude
Freude Freude Freude

Deine Seite der Freude

Das ist eine leere Seite. Meister Kuthumi lädt dich ein, sie zu nutzen, um aufzuschreiben oder aufzumalen, was dir Freude bereitet, um dich immer wieder daran zu erinnern und zu erfreuen. Hoffentlich wird sie dir bald zu klein, und du machst dich auf den Weg, neue leere (Lebensbuch-)Seiten zu finden, um sie mit deiner Freude zu füllen.

Freude Freude Freude Freude
Freude Freude Freude

Gestalte dir dein Glücksnest und sammle Freude in Gläsern

Wenn wir bestimme Energien in unser Leben bringen möchten, können wir ihnen in unserem Wohn- und Lebensraum einen bewussten Platz schenken. Diesen schmücken wir entsprechend. Wann immer wir ihn sehen oder an ihn denken, nehmen wir Kontakt auf zu dieser, von uns in unserem Leben mehr gewünschten Qualität. So verstärken wir dieses Feld, das darüber fühl-, sicht- und erlebbarer wird. Dieser Platz ist eine Unterstützung zur Manifestation.

Das können wir auch mit der Freude tun. Wir können uns einen Freudenplatz, ein Freudennest oder eben auch ein Glücksnest in unseren Räumen gestalten. Unserer Phantasie sind dabei keine Grenzen gesetzt,

Farben, Tücher, Steine, Geschenke aus der Natur, Bilder, Blumen... Es kann drinnen oder draußen, klein oder auch etwas größer sein – je nach Impuls und Möglichkeiten. Es sollte nur ein Ort sein, auf den unser Blick und unsere Aufmerksamkeit häufig fallen können, damit er darüber lebendig bleibt. Denn wann immer wir mit ihm in Kontakt kommen, sind wir eingeladen, innezuhalten und uns daran zu erinnern, dass darüber Freude in unsere Bereiche und in unser Leben fließt.

Wir atmen diese Freude tief ein und spüren sie in und um uns. Dann danken wir unserem Glücksnest und lösen unsere Aufmerksamkeit wieder von ihm.

Zwischendurch schauen wir, ob wir diesen Platz verändern möchten, ob etwas umzugestalten ist. Auch darüber schenken wir ihm Energie und verstärken seine Wirkung. Wir können auch mit anderen oder für andere Freuden- und Glücksnester kreieren und formen.

Eine andere Möglichkeit, um bewusst mehr Freude in unser Leben zu bringen, ist, Freude in Gläsern zu sammeln. Auch das tut uns gut, vor allen Dingen unserem Inneren Kind, und kann ein wunderbares Geschenk sein.

Dazu benötigen wir ein leeres Glas mit Deckel, das wir für unsere Sammlung von Freude auswählen. Dann beginnen wir, dieses Glas zu gestalten, indem wir es entweder energetisch oder physisch mit freudvollen Energien füllen, mit Qualitäten, die uns Freude bringen oder die für Freude stehen. Wir können es auch bemalen oder äußerlich schmücken, auf eine Art, dass darüber die Freudenenergie sichtbar, bestätigt oder bestärkt wird. Abschließend verschließen wir das Glas mit dem Deckel.

Wenn wir es so mit Freude gefüllt haben, nehmen wir wahr, dass unser Freudenspender/unsere Freudenspenderin auch vom gelbgoldenen und goldenen Strahl durchströmt ist, einfach weil wir es mit Freude getan haben und es Freude in sich trägt und verströmt.

Nun finden wir für unser Freudenglas einen passenden Platz. Ist es klein, können wir es vielleicht sogar in unsere Tasche geben, sozusagen als *Freudenglas to go*, sodass es immer mit uns ist.

Und immer, wenn wir es sehen, können wir uns daran erfreuen und seine Energie tief in uns einatmen, um diese Freude in und um uns zu spüren.

Seine volle Energie der Freude entfaltet es allerdings erst, wenn wir es öffnen, um daran zu schnuppern, um die Freude, die in ihm ist, zu riechen. Wir atmen sie sehr tief ein, sodass sich die gesammelte Freude wärmend und nährend in uns ausbreitet und jede einzelne Zelle und Ebene in uns mit Freude füllt.

Das hilft in besonders dichten Zeiten, in den dunklen Wintertagen, oder wenn wir mit großen Herausforderungen konfrontiert sind.

Dann können wir unser Glas der Freude öffnen und seine Freude tief in uns einatmen – sooft und so lange, bis wir sie, zumindest ein klein wenig, (wieder) zu spüren beginnen.

Das Freudenglas ist eine Portion Freude für den „Notfall". Je nachdem, womit du es gefüllt hast, sollte es vielleicht zwischendurch verändert und neu von Freude durchdrungen werden, damit sie frisch und lebendig bleibt.

Viel Freude wünschen wir dir und deinem Inneren Kind bei der Gestaltung deines Glücks- und Freudennestes und deines Freudenglases.

Freude segnet dich. Sei gesegnet.

Freude Freude Freude Freude

Freude Freude Freude

In der Einfachheit liegt die Freude

Es sind die einfachen Dinge, die uns Freude schenken können, die alltäglichen. Deshalb ist es möglich, überall Freude zu finden, wenn wir uns dafür öffnen. Das ist eine der zentralen Botschaften, die uns Meister Kuthumi lehrt, auch über seine Inkarnation als Franz von Assisi.

Wenn wir in der Natur sind und sie mit wachen Sinnen erfahren, entdecken wir so viel, worüber wir uns freuen können.

Heute war ein wundervoller, sonniger Altweibersommertag. Ich habe einen langen Spinnfaden an mir vorüberfliegen gesehen, an dem eine Spinne saß, die sich so zu neuen Ufern bringen ließ. Ich war fasziniert von dieser kleinen Abenteurerin, die sich so auf ihren weiteren Weg machte. Es hat mich sehr berührt und gefreut, zumal ich das bisher noch nie gesehen hatte.

Jede einzelne Blüte der Pflanzen, die uns umgeben, ist ein Meisterwerk der Schöpfung und ein Grund und eine Möglichkeit, um uns zu freuen.

Wenn wir also den Weg der Freude beschreiten, brauchen wir nicht lange zu suchen, sondern lediglich mit offenen Augen und offenem Herzen durch das Leben gehen. Es ist ganz leicht und einfach.

Vielleicht möchtest du innehalten, das Buch zur Seite legen und dich an dem Ort, an dem du jetzt gerade bist, umsehen? Worüber kannst du staunen? Wofür kannst du dich begeistern? Was entzückt dich? Was lässt Freude in dir entstehen und sein?

Wenn wir das zu unserem Leitfaden machen und einem gelbgoldenen und goldenem Faden der Freude in unserem Leben folgen, wird es uns so vertraut, dass wir gar nicht mehr anders können, als immer und überall etwas zu finden, worüber wir uns freuen werden.

So wird es zu unserer Lebenseinstellung und zu unserer Grundhaltung. Wir sind dann so erfüllt von Freude und pulsieren in Freude, dass es keine äußeren Anlässe oder Ereignisse mehr benötigt, um Freude zu spüren. Wir tragen Freude in uns und *sind* Freude – durch und durch. Das ist der Weg der Freude, den wir gehen, wenn wir uns von Meister Kuthumi führen lassen, der uns immer wieder und wieder einlädt, uns den einfachen und alltäglichen Dingen zuzuwenden und deren Schönheit, Kraft, Weisheit und Tiefe zu erkennen. Auf diese Weise erfahren wir über diese Einfachheit unendlich viel Freude. Juhuuu!!!

Freude segnet dich. Sei gesegnet.

Freude Freude Freude Freude
Freude Freude Freude

Meister Ling und der Tempel der Glückseligkeit

Meister Ling ist Teil der Weißen Bruder- und Schwesternschaft und gehört zu den Aufgestiegenen Meistern und Meisterinnen. Er hütet den Tempel der Glückseligkeit, und es ist seine Aufgabe, uns auf unserem Weg zur Glückseligkeit zu begleiten. Deshalb lädt er uns gerne in seine Lichtstätte ein.

Schließe deine Augen. Atme tief ein und aus. Spüre die Berührung des gelbgoldenen und goldenen Lichtes, das dich durchströmt und einhüllt.

Meister Kuthumi hat Meister Ling mitgebracht. Nimm ihn auf deine Art und Weise wahr und lerne ihn näher kennen. Er hat immer ein kleines Glöckchen dabei, das du vielleicht hören kannst. Wenn er es läutet, transformieren sich dichte und schwere Energien, und Freude und Leichtigkeit breiten sich stattdessen aus.

Meister Ling lädt dich ein, ihn in seinen Tempel der Glückseligkeit zu begleiten. Wir bitten dich, dieses jetzt zu tun. Erlaube dir, nun in dieses Schwingungsfeld einzutreten und dort zu sein. Es ist ein lichtdurchflutetes Paradies. Entdecke es für dich.

144

Meister Ling zeigt dir alles und führt dich herum. Atme tief ein und aus, um diese Freude und Glückseligkeit in dich aufzunehmen und in dir wirken zu lassen.

Genieße den Besuch in diesem Tempel. Verweile dort solange und sooft du möchtest. Über den gelbgoldenen und den goldenen Strahl und Meister Kuthumi kannst du dich jederzeit mit Meister Ling verbinden. Wann immer du in diesem Tempel der Glückseligkeit bist, ist es wie ein Urlaub für Körper, Geist und Seele mit vollem Meister-Ling-Verwöhn-Programm.

Für den Moment komm mit Meister Ling wieder in deinen Raum und in deine Zeit zurück. Spüre deinen Körper. Meister Ling läutet noch einmal sein Glöckchen für dich und segnet dich im Namen der Glückseligkeit. Meister Kuthumi schließt sich ihm an, und beide ziehen sich mit der gelbgoldenen und goldenen Energie zurück. Erlaube, dass die Glückseligkeit in dir nachschwingt und dich durch deinen weiteren Tag oder deine Nacht begleitet.

Freude segnet dich. Sei gesegnet.

Freude Freude Freude Freude
Freude Freude Freude

Ende gut, alles gut!

Nun sind wir am Ende dieser kleinen Freudenreise angekommen. Sie ist eine Sammlung von verschiedenen Impulsen und Möglichkeiten, die dazu dienen möchten, mehr Freude in dein Leben zu bringen bzw. hier auf der Erde Raum nehmen zu lassen.

Das kleine Buch der Freude möchte nach wie vor dein Freund, deine Freundin sein und dich begleiten. Es möchte dich daran erinnern, dass es dein kosmisches Geburtsrecht ist, Freude zu erleben, Freude zu empfinden und in Freude zu sein. Es hofft, dass es dich dabei unterstützen kann und dir vielleicht als ein Nachschlagewerk der Freude zur Seite bleiben darf.

Am Ende ist alles gut. Darauf können wir vertrauen, denn das entspricht dem Großen Plan von Vater-Mutter-Gott:

Am Ende ist alles gut!

Das ist auch sehr tröstlich. Wir können uns dafür öffnen, wann immer wir möchten, sodass diese Worte für uns wirklich erleb- und spürbar werden.

Jede Erfahrung, die wir machen, ist eine Chance, ein Geschenk. Unser Universum, die Quelle, das Leben sind durch und durch wohlwollend. Es ist liebend. Das sollten wir, gerade in herausfordernden, stürmischen und unsicheren Zeiten, nicht vergessen. Es hilft uns, unseren Kurs zu halten und gut zu navigieren oder auf den Wellen reiten zu können.

Ende gut, alles gut. Das wünsche ich dir jetzt und allezeit. Mögest du und dein Leben von Freude erfüllt sein, sodass die Spuren, die du hinterlässt, Spuren der Freude sind, die wiederum anderen Freude bringen und ein unendlicher Kreislauf der Freude auf dieser Erde und in diesem Kosmos schwingt – zum Wohle jedes einzelnen Lebewesens und dem des Großen Ganzen.

Von Herzen

Ava

Freude Freude Freude Freude
Freude Freude Freude

Danke

Ich danke dem Leben und all den einzigartigen Höhen und Tiefen, die es schenken kann.

Ich danke meiner wunderbaren Familie für das gemeinsame Sein und Lachen.

Ich danke den vielen Herzensmenschen, die Teil meines Lebens sind. Möge Vater-Mutter-Gott sie mit seinem Licht und ihrer Liebe segnen!

Ich danke den feinstofflichen Geschwistern, Schwingungs- und Energiefeldern, die in uns, mit uns, durch uns und um uns sind. Sie unterstützen uns, zu erkennen, wer wir wirklich sind, und machen dieses Abenteuer Leben so bunt und reich und unbeschreiblich schön.

Ich danke dem schlagenden Herzen des Smaragd Verlags, Mara Ordemann. Sie bringt so viel Freude in die Welt! Sie ist für mich ein großes Vorbild, und ich bewundere sie, ihr Tun und ihr Sein sehr! (Liebste Mara, ich bin unendlich dankbar, dir in diesem Leben wieder begegnet zu sein.)

Ich danke den Freude-Feen des Smaragd-Verlags, rund um die Ober-Freude-Fee Mara, allen voran Gaby Heuchemer, die ihre Feenstäbe schwingen, um mit ihrem Feenstaub mitzuwirken, dass jedes Buch und Büchlein so in die Form kommt, dass du es in den Händen halten kannst.

Ich wünsche uns allen viele freudvolle Momente. Mögen das gelbgoldene und das goldene Licht der Freude allezeit mit euch und mit uns sei.

Freude Freude Freude Freude
Freude Freude Freude

Über die Autorin

Als Ava Minatti als Kind den Namen „Atlantis" hörte und erfuhr, dass dieses eine versunkene Stadt im Meer sein sollte, war sie entschlossen, diese zu entdecken. Damals begann ihre Suche nach der Quelle allen Seins, der sie im Laufe der Zeit ein gutes Stück näher gekommen ist.

Nach verschiedenen Ausbildungen sieht sie heute ihre Hauptaufgabe darin, als Botschafterin der Geistigen Welt zu dienen. Unter der Führung von Erzengel Gabriel stellt sie sich der Weißen sowie der Solaren Bruderschaft, den Engelwelten und dem Kleinen Volk zur Verfügung, damit diese durch sie sprechen und ihre Energien übermitteln können.

Sie lebt in der Nähe von Innsbruck, wo sie in Seminaren und Einzelsitzungen anderen Menschen die Möglichkeit bietet, ihrerseits mit der Geistigen Welt in Kontakt zu treten. Sie ist Mutter von zwei Kindern der Neuen Zeit – Rowena und Jona.

Literaturempfehlungen

Brezina, Thomas: *Tu es einfach und glaub daran – Wie du mehr Freude in dein Leben bringst*, edition a

Brindl Sabine Rosali: *Das Glücklich-Spiel – Sich seiner SELBST BEWUSST sein*, Schirner Verlag

Croos-Müller Claudia Dr. med.: *Alles gut – Das kleine Überlebensbuch – Soforthilfe bei Belastung, Trauma und Co.*, Kösel Verlag

Croos-Müller Claudia Dr. med.: *Schlaf gut – Das kleine Überlebensbuch – Soforthilfe bei Schlechtschlafen, Albträumen und anderen Nachtqualen*, Kösel Verlag

Croos-Müller Claudia Dr. med.: *Kopf hoch – Das kleine Überlebensbuch – Soforthilfe bei Stress, Ärger und anderen Durchhängern,* Kösel Verlag

Croos-Müller Claudia Dr. med.: *Nur Mut! – Das kleine Überlebensbuch – Soforthilfe bei Herzklopfen, Angst, Panik & CO.,* Kösel Verlag

Emmelmann Christoph: *Das kleine Lachyoga Buch – Mit Lach-Übungen zu Glück und Entspannung,* dtv Verlag

Enders Giulia: *Darm mit Charme: Alles über ein unterschätztes Organ,* Ullstein Verlag

Henderson Julie: *Embodying Well-Being oder Wie man sich trotz allem wohl fühlen kann,* AJZ Druck & Verlag

Henderson Julie: *Das Buch vom Summen, The Hum Book,* AJZ Druck & Verlag

Müller Brigitte: *Energie der 12 Sonnen-Chakra Strahlen,* Verlag Peter Erd

Rosenberg Stanley: *Der Selbst-Heilungs-Nerv — So bringt der Vagus-Nerv Psyche und Körper ins Gleichgewicht,* VAK Verlag

Rütting Barbara: *Lachen wir uns gesund! Anleitungen zum Glücklichsein,* Herbig Verlag

Tulku Tarthang: *Die Freude des Seins — Vertiefende Kum Nye Übungen zur Entspannung, Integration und Konzentration,* Dharma Publishing

Freude Freude Freude Freude

Freude Freude Freude

Kontaktadressen

Ava Minatti
Seminarräume U7 (Unternehmerzentrum 7)
A-6071 Aldrans
info@ava-minatt.at
www.ava-minatti.at

Smaragd Verlag e. K. – Mara Ordemann
Brückenstraße 25
D-56269 Dierdorf
Tel.: 0049-2689-92259-10,
Fax 0049-2689-92259-20
info@smaragd-verlag.de
www.smaragd-verlag.de

**Freude Freude Freude Freude
Freude Freude Freude**

Buchempfehlungen

Ava Minatti
Maria Magdalenas Erbe
Die Schwestern- und Bruderschaft der Essener
208 Seiten, A5, broschiert
ISBN 978-3-95531-166-7

Der essenitische Weg gehört mit zu den bedeutenden Geheimlehren, deren Spuren an vielen Orten der Erde sichtbar sind. Deshalb begleitet uns Maria Magdalena beispielsweise nach Südfrankreich, nach Avalon, nach Ägypten, nach Ephesos oder nach Qumran. Sie bringt uns in die Begegnung mit anderen essenitischen Geschwistern wie Jesus, Maria von Nazareth, Martha von Bethanien oder Josef von Arimathäa. Wir feiern mit Maria Magdalena und Jesus eine kosmische Hochzeit, um das Gleichgewicht der Kräfte zu fördern, zu bestätigen und zu verstehen.
Maria Magdalena lädt uns ein, im Kontakt mit den Elemente-Engeln zu sein, stellt das Wirken mit Kraftfeldern vor und fordert uns auf, Neutralität und Hingabe zu üben. Sie unterstützt uns, der kosmische Mensch zu werden, der wir tief in unserem Inneren bereits sind.

Sonja Ariel von Staden
Das Power-Handbuch für Krisenzeiten
Chaotische Phasen sinnvoll meistern
136 Seiten, A5, broschiert
ISBN 978-3-95531-195-7

Krisen sind Herausforderungen, die uns alle jederzeit, in kleiner oder großer Ausführung, treffen können.

Krisen sind wichtig, denn sie zeigen uns sehr gut, wie bewusst wir geworden und wie unsere Kräfte gewachsen sind. Man kann sie sozusagen als Zwischenprüfungen unserer natürlichen menschlichen Entwicklung betrachten.

In jeder Krise wartet ein Wunder-Samen darauf, entdeckt zu werden und erblühen zu dürfen. Und jeder von uns kann diese Wunder finden und genießen.

Sonja Ariel von Staden bietet viele kostbare Anregungen, das Leben noch sinnvoller und leichter zu gestalten. Übungen, Meditationen und hilfreiche Erläuterungen fügen sich zu einem bunten Reigen aus Inspirationen für Herz, Verstand und Seele.

Ein praktischer Ratgeber für eine besondere Zeit!

Belgin Groha
Mit Engelsschwingen durch die Neue Zeit
136 Seiten, A5, broschiert
ISBN 978-3-95531-198-8

Wir alle sind in der Neuen Zeit angekommen und befinden uns seit 2020 in einem neuen zwölfjährigen Zyklus. Aber was bedeutet das jetzt für uns Menschen?
Du bist das Wunder!
Denn hier geht es um deine Hellsinne und darum, wie du diese Gaben, die in dir schlummern, jetzt aktivierst. Dazu werden wir auch Engel in unser Energiefeld einladen.

Die Autorin ist eine Engelbotschafterin der Liebe und verrät viele alltagstaugliche und einfache, aber ebenso mächtige Übungen, die sie von der Geistigen Welt für dich empfangen hat, damit du gut durch diese spannende und wunderschöne Zeit geführt bist und Heilung und Liebe erleben kannst.
Bist du bereit?
Mit einem Vorwort von Silke Wagner.

Tina Baumgartner
Nach dem Leben ist vor dem Leben
Eine spirituelle Reise
200 Seiten, A5, broschiert (Januar 2021)
ISBN 978-3-95531-201-5

Endlich den eigenen Seelenplan entdecken und verstehen, warum man in genau dieses Leben hineingeboren wurde, seine Lieben wiedersehen, höhere Sphären erleben, Versöhnung mit dem eigenen Leben finden und eines Tages in Frieden mit sich und der Welt nach Hause gehen – wer wünscht sich das nicht?

Dieses ist die Geschichte von Mari, einer alten Dame, die im letzten halben Jahr ihres Lebens das Geschenk erhält, in ihren Träumen zu ihrem wahren Selbst in die Geistige Welt zu reisen, wo sie einen klaren Einblick in ihren Lebensplan erhält und sich wieder erinnern darf, dass wir so viel mehr sind, als wir uns vorstellen können – nämlich unsterbliche unendliche Seelen.

Nach dem Leben ist vor dem Leben lädt dich ein zu einer Reise in dein Herz und über die Regenbogenbrücke in die Heimat unserer Seele. Wenn du nach Antworten suchst auf die Frage, wie es wohl weitergehen mag nach dem Tod oder nach dem Verlust eines lieben Menschen, dann hat dich vielleicht deine Seele zu diesem Buch geführt.

Anita Dobner
Frau sein in Zeiten des Wandels
Inspirierende Texte zur Selbstheilung
120 Seiten, A5, broschiert (Januar 2021)
ISBN978-3-95531-202-2

Der Wandel in der Welt ist schon im Gange, und du als Frau in Verbindung mit deinem Herzen kannst ihn mitgestalten, denn die Welt wartet auf deine Gaben, um wieder ganz und heil zu werden. Entdecke die Kraft deiner Weiblichkeit, indem du den inneren Weg gehst und deinem Herzen vertraust. So kann aus dir ein neues Bewusstsein geboren werden, das unsere Welt zu einem besseren Ort macht.

Die Herzensbotschaften der Autorin möchten dich inspirieren, dein Herz in das Zentrum deines Lebens zu stellen. denn die Liebe, die dort ihre Heimat hat, ist die größte Kraft, um dich und die Welt zu heilen.
Die berührenden Texte helfen dir, dein Herz zu öffnen, und du spürst immer mehr, wer du in Wahrheit bist:
Die Frau, auf die du schon immer gewartet hast.

Zora Gienger
Lichtenergie und Heilgebete für ein neues WIR-Bewusstsein
120 Seiten, A5, broschiert (Januar 2021)
ISBN 978-3-95531-200-8

Viele Menschen vermissen ein harmonisches, verständnisvolles und konstruktives Miteinander im Leben und sehnen sich nach einem Denken, Fühlen und Handeln, das Erfüllung und Sinn schenkt und den egoistischen Strukturen unserer Zeit Einhalt gebietet.

Doch dem Menschen stehen machtvolle Werkzeuge zur Verfügung, die dem eigenen Leben wieder Sinn verleihen und konkret etwas für die ganze Welt tun können. Es ist das sogenannte WIR-Bewusstsein, das jeder Mensch in sich trägt, um ein neues Miteinander zu kreieren, wobei das in ihm angelegte und wichtige ICH-Bewusstsein nicht ausgemerzt, sondern sinnvoll ergänzt wird.

Zora Gienger beschreibt und erklärt das harmonische Miteinander dieser beiden Bewusstseinsanteile im Menschen und zeigt Wege, wie jeder Mensch ins WIR-Bewusstsein gelangen kann.

Lichtübungen und Heilgebete sind ein Schlüssel, um dieses neue WIR-Bewusstsein dauerhaft in jedem von uns zum Leben zu erwecken.

Eine Einladung zu einer großartigen Erkenntnis, die ins tägliche Leben integriert werden kann und wahre Wunder möglich macht.